JACK MA

In His Own Words

Agate Publishing, Inc.

本人自らの発言だからこそ見える真実

ジャック・マーの生声《なまごえ》

スク・リー、ボブ・ソン＝編　船山むつみ＝訳

文響社

生声とは

生声《なまごえ》とは、
その人物自身が株主総会や社内メール、
インタビューなどで発言した、
ありのままの言葉である。

本シリーズは、
世界に影響を与える人物の素顔と、
その哲学の核心を、第三者による脚色がない、
純度の高い言葉を通してお届けする。

序章

「絶対にあきらめない」1人の教師の物語

スク・リー ＆ ボブ・ソン

ジャック・マーこと馬雲《マーユン》は1964年9月10日生まれ、中国の起業家で、慈善活動家でもある。

世界で最も成功しているインターネット企業の1つ、アリババ集団（阿里巴巴集団）の創立者であり、董事長《とうじちょう》（会長）でもあった（本人が予告していたとおり、2019年9月、本当に経営から引退した）。推定純資産は370億ドル、地球上で最高の金持ちの1人でもある（2019年現在）。

だが、成功までの道は厳しく、まさに無一文からの出発だった。**アリババを設立する前の彼は、杭州の大学の英語の教師にすぎなかった。**1995年にワシントン州シアトルに行った時、友人に教えてもらって、初めてインターネットというものを知った。「Ｂｅｅｒ」と「Ｃｈｉｎａ」で検索してみると、結果は「０件」だった。マーはインターネット会社を設立して、中国にワールド・ワイド・ウェブ（ＷＷＷ）をもたらそうと決意した。

彼はプログラミングもコンピュータもまったく分からなかったし、当時、インターネットとは何なのか、まして、その市場に将来性があるかどうか、知っている中国人はほぼ皆無だった。

「盲目の男が盲目の虎の背に乗ったようなものだった」とマー自身が語っている。困難だらけだったが、マーの決意は固かった。親戚から借金をすると、杭州の自分の小さなアパートにオフィスをもうけて、17人の仲間とともにビジネスを始めた。

最初はまったく儲からなかった。完全に無料でサービスを展開し、拡大を急ぎすぎ、ほとんど会社をたたまなければならないところまでいった。スタートには何度も失敗したが、やがて中国の中小企業を世界のバイヤーにつなぐプラットフォームを構築し、3年目にはついに利益を出した。

マーの独自のビジョン、前向きな考え方、くじけることのない決意によって、アリババは今日、中国市場を支配するｅコマース(電子商取引)企業になっている。

中国の経済にもたらした大変革

「絶対にあきらめるな（ネバー・ギブアップ）」というのがマーの有名なモットーの１つだ。彼はその人生で何度も挫折を経験しているが、そのたびに「ネバー・ギブアップ」という態度を忘れなかった。

大学入試には2度失敗し、結局、本人が「杭州で最低の大学」という大学で我慢することにした。後にハーバードの大学院に入ろうとしたが、10回も断られた。ケンタッキー・フライドチキンが中国に進出した時、24人が求人に応募して23人が採用されたが、マーだけは採用されなかった。

２０１５年、フォーブス誌は彼を「世界で最も影響力のある人物」リストの22位に選出した。２０１７年にはフォーチュン誌の「世界の偉大なリーダーＴＯＰ50」の2位に選ばれている。２０１４年9月19日にアリババの株式が公開され、新規株式公開（ＩＰＯ）で史上最大の２５０億ドルを調達して以来、ジャック・マーとアリババはメディアから熱い注目を浴びるようになった。マーは中華人民共和国の企業経営者としては初めてフォーブス誌の表紙に登場し、バラク・オバマ元大統領など世界のリーダーたちとの会話も報道されるようになった。

謙虚で、何でも率直に話し、活力あふれるマーは、ビジネス界のスターとして中国で崇拝されている。それも当然だろう。アリババは中国の商業と企業家精神に大改革をもたらした。**地域での商取引とグローバルな商取引のための優れたネットワークだけでなく、それまで誰も聞いたことがなかった信頼できるオンライン決済の方法、アリペイ（支付宝《ジーフーバオ》）を構築した。**

アリババがなかった頃、中国の無数の中小企業が簡単に顧客と結びつき、支払いを受ける方法は存在していなかった。20年近くにわたって、マーたちはそんな中小企業の取引を助け、利益をもたらすビジネス環境を作り出す努力をしてきた。

その間、マーは常に、株主の利益が消費者や従業員の利益に優先するという考え方はせず、そんな考え方に異議を唱えてきた。**アリババが中小企業を助けるこ**

とに力を注いだおかげで、多くの人々がそこそこの暮らしをして、家族を支えることができるようになった。マーはその責任を軽んじたことは一度もない。

彼はずっと未来を見すえ、「世界のオンライン・ショップで買い物をする20億人の消費者」の役に立つことを考えてきた。

教室に戻るために引退する

典型的な企業の会長とは異なり、従業員には気前がよく、従業員の結婚披露宴の費用を全額負担することも知られている。アリババの創業10周年の時には派手な衣装でステージに上がり、ディズニー映画『ライオン・キング』の主題歌『愛を感じて』を歌い、18周年にはマイケル・ジャクソンのものまねをした。

アリババの会長の職を退くという決意も、彼の寛容の精神に従うものだ。マーのキャリアは教師として始まったし、アリババでも教師の役を果たしてきたと言っている。自分の作った会社から引退するのも、教室に戻るためだ。これからは教育者としてだけでなく、莫大な財産を使って、教育を改善し、改革する慈善活動家として行動するという。

教育者としてのマーは、才能ある従業員を育てることの重要さをよく知っている。しばしば、**「顧客が一番、従業員が二番、株主は三番」**と言ってきたくらいだ。創立から20年たった今、彼はアリババを力強く才能あふれる経営チームに託そうとしている。現CEOのダニエル・チャン（張勇《ジャンヨン》）がマーの後継者に選ばれ、平均年齢31・5歳という若さの8万6833人の企業を率いていく。

明確なビジョンを持った創立者が去った後、チャンの率いるアリババがどうなっていくのか、世界が注視している。

夢と野心を持つすべての人のための本

この本は、世界の読者がジャック・マーをもっとよく理解できるように、ニュース記事、公開の場での発言、テレビ番組のインタビューなどから、本人の発言を紹介する。マーは英語に堪能で、アメリカのメディアからもしばしばインタビューを受けているが、私たちは莫大な時間を費やして、中国の大手新聞、テレビ番組の報道など、中国語の情報源からも彼の発言を探した。

アリババの会員企業の定例大会でのスピーチもだ。この定例大会は複数の都市を移動しながら開催され、各地でアリババを利用して商売をする事業者たちに、マーなどの経営陣がアリババのサービスと利用企業の最優良事例（ベスト・プラクティス）を紹介する場にもなっている。

これらの情報源から探した発言を中国語から英語に翻訳し、企業家精神、ビジネスにおける価値、eコマース、チャリティー、競争などについてのマーの価値ある明察を英語圏の読者も初めて知ることができるようにした。

それによって浮かび上がってきたのは、ビジネスにも、テクノロジーにもまったく経験がなかったのに、そして、あからさまに言ってしまえば、**そもそも何かで成功した経験が一度もなかったのに、一世代にも満たない短い年月の間に中国市場とeコマースの世界に革命を起こした男の肖像**だった。

だから、この本は夢と野心を持つすべての人たちのための本だ。

そして、「あきらめるな」、「ネバー・ギブアップ」と耳もとでささやいてもらう必要のある、あなたのための本でもある。

序章

「絶対にあきらめない」1人の教師の物語 3

PART 1 不屈 2001-2003

ジャック・マーの歩み PART1 18
アジアのビジネスマンをつなぐ 20
正直でいること 22
自分たちを信じているから 24
野犬も白兎もいらない 25
顧客のコメント 26
投資会社は結婚相手 28
今日は間違う必要がある 29
インターネットのパワー 30
つらい5年間 32
インターネット・バザーと言われて 34
小さなエビ 36
スピード感に欠ける日本人 37
己を知るように敵を知れ 38
初めてのメディア取材 40
笑うことのできる経営者 42
ヒーローになるな 43
バスケチームのように部下を育てる 44
失敗が強さを生む 46
無料から始める 47
中国の会社で終わらない 48
ジャック・マーですらできたから 49
ユーザーの代表でいる 50
リーダーに必要な力 52
人は真実に耳を傾ける 54

PART 2

対決

2004-2006

ジャック・マーの歩み　PART2 — 56
投資家を追いかけるな — 58
苦しむ覚悟 — 59
13億匹のアリたち — 60
変化への準備 — 62
顧客を百万長者にする — 63
中国市場でうまくやるには — 64
eBayとの対決 — 66
ライバルがいる幸運 — 67
ゾウとアリ — 68
地の利で勝つ — 69
Never Give Up — 70
起業家の仕事 — 72
採用の本質 — 74
80年の経営計画 — 75
アリババの思考法 — 76
経験から学ぶ人間 — 78
社員への敬意 — 80
絶対にしてはいけないこと — 81
苦痛に満ちたプロセス — 82
闘うのではなく分析する — 83
競争を楽しむコツ — 84
この世に悪い社員はいない — 85
責める相手は自分 — 86
団結の力 — 87
4つの敵 — 88
間違えないリーダーはいない — 89
たった3人の聴衆 — 90
信用の力 — 92
嘘つきと呼ばれて — 94
笑顔 — 95
顧客に向き合う4つの態度 — 96
孫正義 — 98

PART 3

加速

2007-2011

ジャック・マーの歩み　PART3 ―― 100
企業は動物園であるべき ―― 102
大惨事に見舞われたら ―― 103
永遠に変わらない法則 ―― 104
夢 ―― 106
起業家は苦しみ続ける ―― 108
信念 ―― 109
旅の始まり ―― 110
ふんばり続ける ―― 111
1001の失敗 ―― 112
暗黒時代の教訓 ―― 114
自分の間違いを認める ―― 115
真似できないもの ―― 116
自分を知ること ―― 118
逆さまの組織図 ―― 120
孤独な職業 ―― 122
後継者 ―― 124
3つの質問 ―― 126
競争の醍醐味 ―― 128
中小企業がイノベーションを起こす ―― 129
冬に備える ―― 130
組織 ―― 132
起業するのに資金より大切なこと ―― 133
大切にしている言葉 ―― 134
ビル・ゲイツの名を借りて ―― 136
欠点を補い、長所を伸ばす ―― 138
伝えてこそ価値がある ―― 139
後悔するべきこと ―― 140
アリババの原則 ―― 141
変わらず専念すること ―― 142
新しい商業文化 ―― 143
社会の金 ―― 144
中国人がまず守るべきもの ―― 146

環境汚染は殺人と同じ――148
KPI――150
社会が支援するべきこと――152
中小企業の会合にあるもの――154
投資家は伯父さん――155
アリペイ(支付宝)を思いついたきっかけ――156
アリババの社員になるということ――158
アリババが負けるとすれば――160

PART 4 使命 2012-2015

ジャック・マーの歩み PART4――162
危機的な思考法――164
政府と結婚するな――166
独身の日――168
コンピュータのことは何も知らない――169
独学の英語――170
盲目の虎に乗った盲目の男――171
教師の性分――172
「アリババ」――173
太極拳の哲学――174
中国の向かう先――175
世界を変えるより大事なこと――176
アリババ最初の週――177
102年の野望――178
メインコース――179
世界を変えるのは――180
嘘じゃない――182
中国経済のこれから――184
次の世界大戦――186
アマゾンとの違い――187
ジェリー・ヤンと飲んだ日本酒――188
10億ドルの意味――189
よいお金の使い方――190

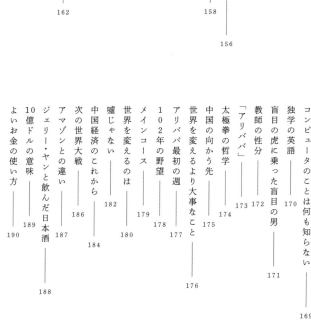

貯金好きな中国人――191
中国の問題に向き合う――192
中国人を幸せにしたい――193
リンゴとリンゴの木――194
貿易とは人権――195
一緒に解決する――196

PART 5 旅立ち 2016-2018

ジャック・マーの歩み PART5――198
2H戦略――200
減速か、転覆か――201
東洋の強み――202
商業の未来のために――203
アメリカとの関係――204
グローバル化の本質――205
伝道者――206
21世紀のビジネスモデル――207
人間にしかないもの――208
トランプとの協力――209
アリババを始めた理由――210
ライバルの必要性――211
人間のような機械――212
信じたことが未来になる――213
目指す世界――214
テクノロジーにできること――215
殺すのではなく協力したい――216
戦争――218
オフィスではなく、ビーチで死にたい――219
本当のジャック・マー――220
身の程に合わない欲望――222
10年ごとの生き方――224
賢い人々――226
エコシステムのような会社――227

CONTENTS

アメリカの選択 ―― 228
チャンスの見つけ方 ―― 229
これからの教育 ―― 230
ビル・ゲイツに勝てること ―― 232
引退に関して ―― 233
アリババの秘密 ―― 234
21世紀に目指すべきこと ―― 235
メイド・イン・インターネット ―― 236
セレクション ―― 237

2001-2003

不屈

海外でたまたま出会った
インターネットに魅せられ、
教職を辞してアリババを立ち上げた
ジャック・マー。
ホラ吹きと呼ばれ、辛酸をなめ、
失敗を繰り返した経験が、
のちに中国経済を牽引することになる
淘宝《タオバオ》や、アリペイ(支付宝)などの
サービスにつながっていく。

TIMELINE

ジャック・マーの歩み　PART 1

1964
ジャック・マー、中国浙江《せっこう》省杭州市に生まれる。両親は中国の伝統的な語り物の芸術家だった。

1985
オーストラリアの友人を訪問。外の世界はこれまで学校で習ってきたものとは全然違うと気づく。

1988
杭州師範学院（現在の杭州師範大学）を卒業。英語学の学位を取得。

1995
シアトルを訪問。友人からインターネットを教えられる。妻の張瑛《チャンイン》、友人1人とともに、2万元を調達して、ビジネス情報サイト「中国イエローページ」を設立。

1998
17人の共同創立者とともに、中国初のオンライン取引プラットフォーム設立の準備を開始。

1999
3月、アリババ集団（阿里巴巴集団）、B2B[1]のeコマース・プラットフォームを立ち上げる。ゴールドマン・サックスなど、アメリカ、アジア、ヨーロッパの一流ファンドが合計500万ドルをアリババ集団に出資。

2001

アリババの登録企業が１００万人を超える。世界で初めて、１００万人を超える登録企業を持つeコマース・ウェブサイトとなる。

2002

初めて完全黒字となる。

2003

アリババ集団、C２Cプラットフォーム「淘宝《タオバオ》」創設のため、４億５０００万元を投資する。コミュニケーション・ソフトの「アリトーク」を始める。買い手と売り手がオンラインですぐにコミュニケーションをとることができるようになった。淘宝《タオバオ》プラットフォーム上で、独立した安全な支払いサービスである「アリペイ（支付宝）」を開始。

1）Business to Business の略で、「企業間取引」を意味する。同カテゴリの語には「B２C」「C２C」などがあり、「B」は「Business」（企業）、「C」は「Consumer」（一般消費者）の頭文字である。

アジア人のビジネスマンたちは「鶏口《けいこう》となるも、牛後《ぎゅうご》となるなかれ」[2]という考え方だ。誰もがボスになりたがるし、インターネットの出現は個人のビジネスを助けてくれる。インターネットを使うビジネスマンは自己中心的なところがある。万里の長城の煉瓦《れんが》に「俺がここに来た」と書きたがるようなものだ。

Asians in business believe it is better to be the head of a dog than the tail of a lion. Everybody wants to be their own boss and the Internet favors individuality even further. That is, the Internet user is self-centered, a brick on the Great Wall marked "I was here."

インターネットが導入された時、すでに情報は過重だった。私の目的は、アジアの中小企業が利用できる情報のエッセンスを提供することだった。大企業を中心とするアメリカのモデルでは、ソフトウェアに大金を使うが、中国の企業にはそんなお金はないし、そういうソフトウェアを使うことさえできないだろう。中国のB2Bビジネスでは、人間同士が直接顔を合わせてコミュニケーションをとることが必要だ。

2001年4月13日～26日　第89回広州交易会

2）『史記』の蘇秦伝から、大きな団体の属員になるよりは、小さな団体でも、その頭となることのほうがよいことの例え。

When the Internet was introduced, there was already an overload of information. My goal was to do one thing: provide an "essence" of needed information that small- and medium-sized Asian companies would use all the time. The American model, based on being a big company, could spend a million dollars on software, but not many Chinese companies can afford that or even use such software. Chinese B2B emphasizes face-to-face communication between business people.

正直でいること

アリババにはとてもよいPR担当チームがいる。とても優秀だ。私たちの原則はただ1つ、本当のことを言うことだ。どこでも、いつでも、自分の考えていることを正直に言う。メディアの喜びそうなことを言ったり、彼らの気に入るように嘘を言ったりしてはいけない。

Alibaba has a very good PR team, very capable. Our only secret is to always tell the truth. No matter wherever or whenever, say what you're thinking. Don't say things that the media loves to hear or deceive them in order to cater to them.

いま嘘を1つ言えば、自分の言った嘘を全部覚えていられなくなる時まで、ずっとその嘘を本当に見せかけなければいけなくなる。それはとても苦しいことだ。人々は正直を愛する。だが、いつでも本当のことだけ言う人は少ない。そうしているだけで、ほかの人々と差をつけられる。

――2001年7月Chinabyte（中国のインターネット・メディア）

Tell a lie now, and you'll be forced to keep it going even as you forget parts of it. This will only cause lots of pain. People like honesty. Not many people, however, will tell the truth at any time. Do so and you'll differ from others.

自分たちを信じているから

家を建てる時は、合計時間の30％を、基礎に割く必要がある。安定して、かなりの収入を上げる優れた企業になるまでには少なくとも5年は必要だ。

（中略）アリババはまだ、基礎を完成させてはいない。私たちがビジネスを行っているのは、ほかの人たちもやっているからではない。ほかの人たちが私たちにやってほしがっているからでもない。

自分のやっていることを信じているから、いつそれをやるべきか分かっているから、そして、どうやってそれを達成したらいいか分かっているからこそ、やっているのだ。

――2001年7月 ChinaByte

It takes 30 percent of your time to lay the foundation when building a house. A good company, one with a stable and sizable income, needs at least five years for success. . . . Alibaba has not completed laying our foundation. We run our business not because others are doing it or because others wish us to do so. We do it because we believe in what we do, when we should do it, and how we should achieve it.

野犬も白兎もいらない

アリババでは社員を2つの基準で評価している。実績を上げる能力とチーム・スピリットだ。（中略）高い能力を持っていても、チーム・スピリットのない者は「野犬」のようなものだ。チーム・スピリットがあっても、能力のない者はただの「白兎」だ。アリババには、野犬も白兎もいらない。能力とチーム・スピリットの両方に優れた者でないとだめだ。

――２００１年９月 厦門《アモイ》 アリババ会員企業大会

We ass ess employees on two standards: performance and team spirit. . . . Those with high performance but no team spirit are "wild dogs," and those with a good team spirit but low performance are "white rabbits." No dogs or rabbits as employees, please; they must excel at both.

顧客のコメント

ビジネスを始めた時は、例外なく、間違いをするものだ。そういう時は、顧客がとても重要なコメントをくれる。もし、ユーザーがあなたの会社のサービスは役に立つと思ったなら、それは彼らの言うとおり、役に立つ。彼らが役に立たないと言うのであれば、あなたがどう言おうと、それも彼らの言うとおりで、役に立たないのだ。eコマースにおいては、エレクトロニクスはツールであり、目的は商売だ。

Invariably, mistakes are made when starting a business. The important comments come from your clients—if users find your service useful, then it is. If they say it's useless, no matter what you say about it, it is. In e-commerce, electronics are the tool, commerce the goal.

投資家たちは、あなたの会社の製品は素晴らしいとほめちぎるかもしれないが、ユーザーがあなたの会社の製品は無価値で役に立たないと言えば、あなたは瞬間的に地面に叩きつけられるだろう。

だから、私はいつも社員に言っている。

「どうやって金を儲けようかなんて話はするな。どうしたら顧客に価値を提供できるかという話をしてくれ」と。


――2001年9月 厦門 アリババ会員企業大会

Investors can talk your product up to the high heavens, but if users regard your product without value or utility, you'll be crashing to earth in no time. As I say to my staff, "Don't tell me how to make money. Just tell me how to provide value to our clients."

投資会社は結婚相手

ちょうどいい投資会社を選ぶのは結婚相手を選ぶようなものです。つらい時にも、手に手を携えて一緒に歩いていかなければならない。今日は何もかもうまくいっていても、明日になれば運勢が変わるかもしれない。その時は、あなた方の支援が必要です。

――２００１年９月　厦門　アリババ会員企業大会

Finding the right investment companies is like choosing a marriage partner. We need to be hand in hand through tough times. Today, everything may be fine, but tomorrow, if our luck turns, I'll need your support.

インターネット関連企業は目まぐるしく動き続けるものだ。もし失敗したなら、それは頭がフリーズしてちゃんと働いていないせいだったかもしれないし、頭がかっかしてわけが分からなくなっているせいだったかもしれないが、どっちにしても、失敗は失敗を恐れる心から生じたものだ。明日は成長し、向上するために、今日は間違いをする必要がある。だが、同じ間違いを何度もしてはいけない！

――２００１年９月10日　アリババ創立２周年祝賀式典

Failure in a fast-moving Internet company, no matter whether you call it a brain freeze or a brain fever, comes from fear of making mistakes. Mistakes have to be made today in order to grow and run better tomorrow. Just don't keep making the same mistake!

インターネットのパワー

私たちにとって、インターネットは道具（ツール）なのです。このツールはなぜ、そんなにもパワフルなのか。私は武侠《ぶきょう》小説[3]のファンです。しかし、ある人物の剣の技がどれほどすごくても、銃を持った人間には殺されてしまいます。親類や友人の間のうわさ話や、雑誌、新聞など既存のメディアを使った宣伝よりも、インターネットはずっとずっとパワーのあるものになるでしょう。

For us, the Internet is a tool. Why is it so powerful? I'm a big fan of martial arts fiction. No matter how great a person's swordplay, however, someone with a gun can still kill them because it's a more powerful weapon. Compared with word of mouth from your relatives and friends or publicity from magazines, newspapers, and conventional media, the Internet will certainly become more powerful.

このチャンスを逃したら、あなた方は幸運を逃します。新しい、生まれたばかりのツールを見下すのは間違っています。このツールをうまく使いこなせば、あなたの会社はもっとうまくいきます。うまく使えなければ、あるいは全然使わなかったら、あとで苦しむことになるでしょう。

２００１年11月19日　温州　アリババ会員企業大会

3）中国の大衆小説のジャンルの１つで、義理を重んじ、武術に長けた人々を主人公とした小説の総称。

If you miss this opportunity, you'll be out of luck. Never look down upon new and emerging tools. Use this new tool well and your enterprise will be better. Use it poorly, or not at all, and you'll suffer.

過去1年間のアリババのプロモーション予算はゼロでした。アリババの名前はずいぶん知られるようになったと思いますが。このようなブランド知名度の「奇跡的な」向上は、ハーバード・ビジネス・スクールも注目しているほどです。しかし、これは奇跡でもなんでもありません。

Our promotional budget this past year was zero even as our name has grown greatly. This "miraculous" rise in branding has even caught the attention of the Harvard Business School. But there's no miracle.

1995年から99年まで、アリババは大変つらい5年間を経験しました。だが、いま、来年はもっとよくなっていると思えるようになりました。それは私たちが自分の失敗から学んできただけでなく、中国のほかのインターネット企業の失敗からも学んできたからです。

――2002年3月10日 アリババの「トラストパス」(国内販売中心の中国企業向けサービス) 記者会見

From 1995 through 1999, we had five years of hardship, but now, Alibaba will do even better next year. We learn not only from our own mistakes but from those made by other Chinese Internet companies, too.

いろいろ研究した結果、eコマースで一番大事なことは、信頼と信用性だと分かった。ビジネスをする人たちはそれを最も気にかける。

去年、中国国内のメディアからも、国際的なメディアからも、アリババのサイトを見る人は多いが、信頼は欠けていると言われてしまった。アリババのサイトは中国製で、ユーザーも中国人だからだと言うのだ。

After lots of research, we found that the number one thing for e-commerce is trust and credibility. Business people are most concerned with this. Last year, both our national and international media stated that while many people visited the Alibaba website, there was a lack of trust because it was based in China with mostly Chinese business users.

ヨーロッパのサイトは、たとえ小さくても、詳細なインターネット展示館のようだが、私たちのサイトは大きくても、インターネット・バザーのようだと言うのだ。
その後、私たちは、より信頼性の高いシステムを構築してきたし、これからもこの方針で拡大していくつもりだ。

―― 2002年3月10日 アリババの「トラストパス」記者会見

They claimed that European websites, although small, were like an intimate Internet exhibition hall. Our large website was more like an Internet bazaar. Later, we found ways to establish a more credible system and plan to expand on this.

小さなエビ

ｅコマースはいまや大人気だ。

多くの企業がこのインターネット・バザーに参加したがっているが、どこを見れば成功例が見つかるのか分かっていない。これらの企業は必ず儲かるという証拠がなければ、継続する気にならないのだ。

そんな時、私はアリババを見ろと言う。

「小さなエビ」をたくさん集めれば、つまり中小企業をたくさん集めれば、それを餌にしたいクジラを呼び寄せることができる。そうなれば、それらの中小企業がｅコマースのソリューションの成功例になるんだ。


――２００２年３月10日　アリババの「トラストパス」記者会見

E-commerce is hot now. Many companies want to join in this Internet bazaar but have nowhere to turn for a successful example. They are reluctant to continue without proof it can help them profit. So, when asked to show them a successful project, I point to Alibaba. By gathering a large group of "shrimps," small- to medium-sized enterprises, we can attract whales to come feed on them. Small and medium enterprises then become the solution for successful e-commerce.

スピード感に欠ける日本人

日本に行く前には、日本の企業やビジネスマンに対してよい印象を持っていた。日本人は規則や礼儀を重んじるだけでなく、物事に勤勉に取り組むし、献身的な態度で、完璧を求めて頑張る人たちだと思っていた。しかし、実際に日本に行ってみて驚いた。大企業は決断が遅く、取るに足らない細かいことのためにチャンスを失っている。私は完璧を求める人たちを尊敬するが、時と場合によっては、スピードがなくては成功できない。断固たる行動を取れないことは、企業にとっては致命的だ。

——２００２年５月『日経ビジネス』誌

Before I first went to Japan, my general impression of Japanese companies and businessmen was positive. Not only did they attach importance to rules and etiquette but they did things diligently, dedicating attention to perfection. I was surprised, however, once I visited Japan. Big enterprises there often delayed decisions and lost opportunities due to trivial things. While I respect people who seek perfection, it's fatal for an enterprise to delay decisive action when time and circumstance demand speed for success.

己を知るように敵を知れ

お金は市場での販売促進に使うより、人材の養成に使ったほうがいい。研修や組織作りだ。社員は会社を、顧客を、そして競合企業を理解する必要がある。中国では昔からこう言うんだ。「己を知るように、敵を知れ」ってね。

――2002年5月『日経ビジネス』誌

Money is better invested cultivating your company's talent through training and organization than in market promotion. Employees need to understand your company, your clients, and your competition. As the Chinese saying goes, "Know your enemies as you know yourself."

初めてのメディア取材

1999年8月、私たちは初めてメディアの取材を受けました。どういうわけか、アメリカのビジネスウィーク誌がアリババのことを知ったらしい。最初はインタビューの申し込みを断りました。あとになって、外交部（中国政府の外務省）と浙江省の外交局を通じて申し込みを受けることになりました。その頃、アリババにはオフィスの電話もファックスもなかったのです。しかし、アメリカに住所があったので、完全に中国の会社ではなくて、グローバルな三流会社だと思われたらしい。

August 1999 was the first time we met with the media. Somehow, Businessweek in the US found out about Alibaba. At first, we refused their interview request. Later, we accepted via the Ministry of Foreign Affairs and the Foreign Affairs Office in Zhejiang Province. At the time, we didn't even have an office telephone or fax machine. We did have a US address, however, so that we wouldn't be thought of solely as a local Chinese company and regarded globally as a third-class enterprise.

インタビューの時、記者をアリババの本社がある住宅地につれていくと、彼らは私たちを疑いの目で見始めました。ドアを開けると、寝室4つのマンションに20人から30人ほどの社員がぎっしりいました。アリババはすでに有名になっていたし、会員企業も数千社ありましたから、とても大きな会社のはずだとインタビュアーは思っていたらしい。結局、そのインタビュー記事が雑誌に掲載されることはありませんでした。

――２００２年６月11日　寧波《ニンポー》　アリババ会員企業大会

For the interview, when we took the reporter to the residential area where we were based, they regarded us with suspicion. When we opened the door, we had 20 to 30 people crammed inside the four-bedroom flat. The interviewer thought Alibaba, with our big reputation and thousands of members, should have already been a very big company. In the end, that article was never published.

笑うことのできる経営者

企業の経営者は、笑うことのできる人間でなければならない。強力なビジョンと活動的な精神を持つ経営者なら、笑うことができるはずだ。自分のやっていることに誇りを持ち、有能で、強くなければならない。笑うことができて、誇りを持てるようになるには、鋭い目と広い心が必要だ。

――2002年6月11日 寧波 アリババ会員企業大会

When you run a business, you need to be able to laugh, too. A strong vision and active mind allows for this. Take pride in what you do, and be capable and strong. To be able to laugh and be proud requires sharp eyes and a broad mind.

中国企業は、団結心を大切にしなくてはならない。チームワークから、よい協力が生まれる。自分がみんなの上に立つ、ただ1人のヒーローになったつもりでいると、あとで必ず、困ったことになる。

――2002年6月11日 寧波 アリババ会員企業大会

Chinese business es must pay great attention to team spirit. Cooperation comes from teamwork. Cast yourself as the singular hero above everyone else and suffer the consequences.

バスケチームのように部下を育てる

よいリーダーは、自分を追い越していける部下たちを育てるものだ。その過程で、彼らに苦労させても構わない。代わりが務まる者を半年以内に見つけられなければ、よい人材を採用することは難しいだろう。リーダーは、部下1人1人の最高の部分を見つけなければならない。たとえ本人が気づいていなくても、1人1人の強みを見つけられなければならない。彼らの潜在能力を見つけ、養成することができなくては、リーダーとしてのパワーを維持することはできない。

A good leader grooms subordinates who can surpass them. It is all right to have them struggle in the process. If you can't find a suitable replacement within six months, then you have problems in recruiting good talent. A leader should look for the best things inside each person. They should be able to find strengths in each that the person may be unaware of. Seeing and nurturing this potential is critical to your power as a leader.

そう考えたら、ＮＢＡの試合を見ていた時のことを思い出した。バスケの選手たちがどんどん強くなるのは、ベンチ入りした12人全員が試合に出たがっているからだ。誰もが、自分は試合に出る資格があると信じているから、チームメイトの間のプレッシャーはすごい。あなたの会社でもこれと同じように、最初から保証されていることは何もなくて、ただ仕事の成果によってのみ人を判断するようなシステムがあれば、素晴らしいチームを試合に出すことができるだろう。

――２００２年６月11日　寧波　アリババ会員企業大会

What made me think of this? Watching NBA games. These basketball players get better because all 12 players on each team want to be on the court. All of them think they are good enough to play, and this produces a lot of peer pressure. If you have such a system in your company, where there are no guarantees but judgment is based on performance, you will field a good team.

失敗が強さを生む

強さは失敗の積み重ねから生まれる。いつの日か、私が孫に自分の輝かしい成功の自慢をしたら、孫はこう言うだろう。「それのどこがすごいっていうの？　おじいちゃんはただ、その当時盛んになっていたインターネット・コマースの波に乗って、投資家を見つけてきただけじゃないの？」と。だが、私がもし自分の失敗や間違いの話をしたら、孫はきっと私を崇拝のまなざしで見つめるだろう。最終的に成功するためには、たくさんのみじめな経験をしなければならない。

――2002年6月11日　寧波　アリババ会員企業大会

Strength accumulates from failure. If someday I brag to my grandchild all about my fine achievements, he or she may simply say, "What's so great about that? You simply rode the swelling Internet commerce tide in and found some investment." But if I talk about all my failures and mistakes in those years, then he or she may look at me with admiration. Final success includes many miserable experiences.

無料から始める

2年前に淘宝《タオバオ》を立ち上げた時、無料でサービスを開始した。アリババも3年間、無料でサービスを提供した。私たちのグループのサービスのほとんどが、最初の1、2年は無料だった。

その期間中に顧客のニーズを知ることが、主な理由だ。ニーズを知ってから、それに合わせて調節する。

しかし、もしその間に、無料のサービスなのに取引を生み出すことができないなら、絶望的だ。何の価値もないかもしれない。

我々は無料のサービス期間に多くの貴重な経験を得た。だから物事がとてもうまくいっている。10億ドルを所有しており、さらに無料のサービスを提供できる。

――２００３年３月29日　フォーチュン・ライフ・プログラム

When we launched Taobao two years ago, we offered it free. Alibaba also provided three years of free service. Almost all of our services are launched free for the first year or two. The main reason is to understand our clients' needs during this period. Then we make adjustments accordingly. But if you find then that you can't generate any traffic even as a free service, it's hopeless. You may not have any value. We gained lots of valuable experience during our free period, so that today, things are very good. We now have USD$1 billion and can provide even more free service.

中国の会社で終わらない

私たちの夢は世界で最良の会社を作ることだ。アリババを始めたのは中国人だが、私たちは単なる中国の会社ではなく、グローバルな投資家、社員、顧客の会社を目指している。決断する時は、株価を考えてではなく、どうしたらよりよい企業になれるかを問いかける。インターネット企業の価値は資本によってではなく、知恵、戦略、勇気、チームワークによって生まれることを証明したい。ジャック・マーはそう願っているのです。

――2003年3月29日 フォーチュン・ライフ・プログラム

Our dream was to create the best company in the world. Although Alibaba was started by a Chinese person, we aspire to be a global company of investors, employees, and clients, not simply a Chinese company. Decisions are driven by asking how do we become better, not based on the value of our shares. Jack Ma wishes to prove that an Internet company's value comes from wisdom, strategy, courage, and teamwork, not capital.

私はコンピュータのことは何も分からないんだ。だから、いつも若い人たちにこう言っている。「ジャック・マーが成功できるんだから、頑張りさえすれば君たちのうちの80%は成功できるよ」ってね。

――2003年3月29日 フォーチュン・ライフ・プログラム

I don't know anything about computers so, as I often say to the younger generation, "If Jack Ma can succeed, then 80 percent of you can too by working hard."

ユーザーの代表でいる

私は2つの目的でコンピュータとインターネットを使っています。メールと検索です。それ以外のことは私には難しすぎます。ネットで映画を見ることもしません。私は我が社のエンジニアたちに、みなさんのニーズに応えるテクノロジーを提供するようにと言っています。どんなに素晴らしいテクノロジーだって、みんなが使えないなら、まったく価値がありません。どうして、うちのサイトがごく普通のビジネスをしている人たちにこれほど人気があると思いますか?

I use my computer and the Internet for two things: email and web browsing. Everything else is pretty much beyond me, even watching movies online. I ask our engineers for technology that serves people's needs. No matter how good that technology is, if people can't use it, it's worthless! Why is our website so popular with common business people?

それは、私が我が社のクォリティー・コントロールだからですよ。

エンジニアたちが書いたすべてのプログラムは、私が使ってみます。

私が使えなかったら、それはゴミ箱行きです。

だって、世の中の80％くらいの、私と同じくらい単純な人たちが使えないっていうことですからね。みんながマニュアルさえ読まずに使えるようにすることが、私の目標です。


――2003年3月29日 フォーチュン・ライフ・プログラム

It's because I was the quality control—any programs written by our engineers had to be used by me. If I couldn't use it, it was trashed, because it meant that 80 percent of people as simple as I am wouldn't be able to use it either. My goal is that people can use it without even reading the manual.

リーダーに必要な力

リーダーに要求される能力は、ビジョン、ハート、力、この3つだけだ。

ビジョン（視力、展望、洞察力）があれば、何千キロも旅することによって、何千冊もの本を読むより多くを学ぶことができる。自分が観察した物事から出発して学んでいくうちに、ほかの人たちよりももっと遠くが見えるようになる。

あなたの会社のある町では、あなたはすでに最も力を持っているかもしれない。だが、上海に行ったら、もっと遠くを見ている人たちに出会うだろう。東京やニューヨークに行ったら、力のある人たちは数かぎりなくいる。あなたのビジョンが広くなれば、ほかの人たちが来てあなたに敬服するだろう。

The art of being a leader is nothing but three things: vision, heart, and strength. Vision allows you to learn more by traveling a thousand miles than by reading a thousand books. Learning as you go from what you observe will enable you to see farther than others. Inside your town, you might already be the most powerful. Then you go to Shanghai and encounter others further along than you. Go on to Tokyo and New York and the number of powerful people seems endless. Therefore, as your vision broadens,

リーダーには、ハートもなければならない。才能ある人たちの9割は変わり者だ。変わり者だから、自分のやっている仕事では自分が一番だと思ってしまいがちだ。それでも、彼らのことを許容してやろう。広い心を持つべきだ。日頃から、自分を厳しく律していれば、きっと広い心を持てるようになる。つまらないことをいつまでも気にしてふてくされる人たちもいる。おかしな人たちだ。広い心を持たないせいで、彼らは自分をみじめにしているんだ。

――2003年3月29日 フォーチュン・ライフ・プログラム

---

others will come to admire you. A leader must also have heart. Nine out of ten very talented people are eccentric. Their unique temperament already has them thinking that they are the best at what they do. Tolerate them. Your heart needs to be expanded and will be if you are self-disciplined in this way every day. Some people are very funny, sitting and sulking over trifles. They make themselves miserable because they lack heart.

人は真実に耳を傾ける

学生たちは私のスタイルが好きなはずだ。今日ここにいる若者たちも、私と同じで、本当のことを聞きたがると思う。私は学生たちに対して、完璧に率直に、正直に話したい。真実を話すことは世界で最も難しい時もあるが、世界で最も簡単なことでもある。それに、真実を話せば、人々はきっと耳を傾ける。私が誰かを批判するとしたら、それはその人たちを愛しているからだ。批判するべきなのに、私が何も言わずにいるとしたら、それは私がその人たちを好きではないからだ。

――2003年3月29日 フォーチュン・ライフ・プログラム

Students like my style. I believe that young people here are the same as me and like to hear the truth. I am thoroughly frank and honest with them. While telling the truth can be the most difficult thing in the world, it can also be the easiest. And when you tell the truth, people listen. When I criticize certain people it's because I love them. If they deserve criticism and I say nothing, it's because I don't like them.

対決

2004-2006

当時、世界最大のECサイトとして
君臨していたeBay(イーベイ)が、
本格的に中国に進出。
中国市場を独占しようと
大資本を投入するeBayに対し、
当時まだベンチャーのアリババは
真っ向勝負を挑み、
やがて完全勝利をおさめる。

ジャック・マーの歩み　PART 2

2004

アリババ集団は、ソフトバンク、フィデリティ、DFJ、グラナイトなどの投資機関から合計8200万ドルの投資を受け入れ、中国で最大の未公開株式投資インターネット企業となる。

アリババ集団、第1回の「ネット企業家サミット」を主催する。

淘宝《タオバオ》上で、インスタント・メッセージ・ツールの「アリワンワン（啊里旺旺）」を開始。

アリペイ（支付宝）が分離して、別会社となる。

ジャック・マー、中国中央電視台（CCTV）の「今年の経済人」10人の1人に選ばれる。

2005

ヤフーが10億ドルを投資して、アリババ集団の株式40％を購入する。

アリババ集団、ヤフーチャイナ（雅虎中国）を所有。

アリババ集団、1日あたり100万元の税金を政府に支払い、中国で最大の納税企業の1つとなる。この納税額は会社の規模と成長の証明であり、ジャック・マーの自慢とするところだ。

ビジネスウィーク誌がジャック・マーを「今年のビジネスパーソン」に選ぶ。

2006

淘宝《タオバオ》は中国におけるｅコマース市場の支配権をめぐってｅＢａｙと激突し、ｅＢａｙを中国国内サイト閉鎖に追い込む。

投資家を追いかけるな

会社を創立する時には、資金調達のことなど考えるな。そういうやり方では、よい会社は作れない。投資家のあとを追いかけるな（そういう投資家ほど早く逃げる）。成功した中小企業になれば、投資家の方から来てくれる。そうなれば、お金なんか、サプライズのプレゼントのように入ってくる。

——2004年2月17日　網易《ワンイー》（NetEase）

Never think about financing when creating a business. You will never create a good company that way. Don't chase after investors (they'll only run away faster) but know that, as a successful small- to medium-sized company, investors will come to you. Money will then be a happy surprise.

苦しむ覚悟

毎日困難があり、毎日苦しむ覚悟をしておきましょう。最初から成功できる人はいない。最初の頃、私はたくさんの失敗をし、たくさんの経験を得ました。起業家にとって、これはいいことです。どれくらいお金を儲けられるかばかりを考えていてはいけません。そんなことをしていると、墓穴を掘って、あとで痛い教訓を得ることになる。インターネット新興企業の場合は特にそうです。いまでは成功を収めたインターネット企業がたくさんあるかもしれませんが、どの会社も創立後3年間は利益を出せなかったのです。

——2004年6月13日 杭州 アリババ会員企業大会

Be ready for the difficulty and the daily grind. Nobody succeeds right from the start. I made lots of mistakes and gained lots of experience early on. For an entrepreneur, this is good. Don't just think about how much money you can make. If you do, you'll set yourself up for some painful lessons, especially for Internet start-ups. Today there may be many successful network operators, but none made money at all in their first three years.

13億匹のアリたち

中国のトップ企業と大手国際企業の間にはまだまだ大きなギャップがある。西洋の文化は大企業に注目するが、ここ中国の13億匹の「アリたち」は中小企業だ。だが、ここにこそ、未来の勝利がある。中小企業から成る中国のeコマース製造販売業者が大企業に勝利する日が来る。それでも、目標を定める時は注意したほうがいい。

There is still a sizable gap between our top Chinese companies and large international firms. But while Western culture looks to big enterprise, here our 1.3 billion "ants" come from small- and medium-sized companies. This is where the victorious future lays, an army of Chinese network operators in small- to medium-sized firms besting big businesses. Be careful, then, in setting goals.

明日にはもう数十億ドルの売り上げを上げようなどと非現実的な目標を設定すると、疲れ切ってしまって、敗北に向かうだけだ。だが、非現実的な数字を設定せずに、自分の会社を一流のやり方で運営することを目標にするなら、頭脳明晰な13億のアリたちは大きなゾウとずっと互角に戦える。

――2004年6月13日 杭州 アリババ会員企業大会

If we set an unrealistic goal of a billion dollars in sales by tomorrow, we'll tire ourselves out in an atmosphere of failure. But if the goal is to run our company in a first-class manner without fixating on unrealistic numbers, we can have an army of 1.3 billion ants, clear-headed and ready to take on big elephants forever.

変化への準備

最近は頻繁に人事異動をしてきました。これだけ人を動かしても、誰も文句を言わないのはありがたいことだと思っています。現代では、特に情報交換という文化の業界では、物事は非常に速く変化します。アリババの社員はそういうすべての変化を歓迎し、喜んで受け入れ、準備ができていなくてはなりません。

——2004年9月10日 アリババ創立5周年祝賀式典

Recently our personnel changes have been frequent. I'm touched by the lack of complaint following all these changes. Things move fast in these times and in our current culture of information exchange. Alibaba's staff needs to welcome, embrace, and be ready for the challenge of all these changes.

何のためにアリババを作ったかって？　私たちの目標は顧客を百万長者にすることだ。いつでも「お客様が第一」だ。顧客企業が成功しなければ、アリババが成功することはできない。アリババの利益は、顧客が百万長者になり、億万長者になったあとのことだ。

――２００４年９月10日　アリババ創立５周年祝賀式典

Why did we create Alibaba? Our goal is to make our clients millionaires. We put clients first. Only when they succeed can Alibaba then succeed. Our profitability comes only after our clients become millionaires and multimillionaires.

中国市場でうまくやるには

中国市場に進出するアメリカ企業や国際企業にとって、第1の問題は官僚主義にどう対処するかだ。だが、官僚と「関係《グアンシ》」（コネ）を作ることばかり考えるより、中国市場のための価値を創り出すことを考えたほうがいい。アメリカでうまくいったことが、中国でもうまくいくとはかぎらない。中国に進出したい企業は、中国の特徴に順応する必要がある。

First, when US and international enterprises enter China, their biggest problem is dealing with Chinese bureaucracy. But rather than preoccupy themselves with guanxi, they need to create value for the Chinese market. Success in America doesn't guarantee the same in China, and it is crucial for these companies to adapt Chinese characteristics.

第2に、リーダーシップが重要な役割を果たす。国際企業のリーダーは、中国に進出するなら、すでに確立された欧米のブランドを守ろうとするだけでなく、開拓者としての先見の明を持たなければならない。

第3に、中国経済は起業家の経済だ。

誰もがエネルギーに満ちていて、どんなことでも可能だ。ちょうど90年代後半のシリコンバレーのように、起業家の情熱があふれ、繁栄している。


——２００４年９月21日 フォーブス世界ＣＥＯ会議

Second, leadership plays a very important role. In China, these international companies' leaders must have foresight in their pioneering efforts here rather than managing simply to safeguard established US and European brands. Third, the Chinese economy is an entrepreneurial economy. Everyone is full of vitality and everything is possible. It's like Silicon Valley in the late 90s, with entrepreneurial passion and prosperity everywhere.

淘宝《タオバオ》の立ち上げ以来の発展のスピードにアメリカのメディアはすっかり驚いているようだ。eBayは無敵だと彼らは思っていたんだろう。純粋に中国製の電子商取引ウェブサイトが、eBay、ヤフーなどの巨大企業と互角に競争できるなんて、信じたくなかったんだろう。
だが淘宝《タオバオ》の利用者データを前にして、アメリカのアナリストたちは刮目《かつもく》せざるを得なくなった。その時、初めて分かったはずだ。中国におけるC2C取引の競争は、彼らが想像したよりもはるかに厳しいということが。

——2004年9月27日 ロイターズ

The speed with which our Taobao website took off surprised the US media completely— they thought eBay was invincible! They weren't willing to believe a pure Chinese website could compete with major players such as eBay, Yahoo!, and others. But Taobao's user data forced US analysts to look at us with new eyes. Only then did they realize that C2C competition within China was far fiercer than anything they had imagined.

アリババにライバルがいないのは残念だ。ライバルを探しまわったが、徒労に終わっている。一方、淘宝《タオバオ》には、eBayのような強いライバルがいるのはラッキーなことだ。マイク・タイソンとボクシングの試合をしなければならなかったら、ものすごくアンラッキーだと思うかもしれない。だが、そういう世界レベルのライバルがいるのは幸せなことなんだ。マイケル・ジョーダンとバスケをしなければならなかったら、本当に幸運なことだよ。淘宝《タオバオ》はeBayのようなライバルから本当に多くを学ぶことができる。

――2004年10月21日 北京晨報

It's unfortunate that Alibaba has no competitor. We get tired searching for competitors everywhere. Taobao, however, is lucky enough to have eBay as a great competitor. If you have to box with Mike Tyson, you might think yourself unlucky. But this type of world-class competitor is good. Think of your good fortune getting to play basketball against Michael Jordan. Taobao can learn a lot from a competitor such as eBay.

ゾウとアリ

ゾウがすべてのアリを踏みつぶすのは難しい。アリのほうがそんなことをさせないだろう。アリはあちこち逃げまわるはずだ。それをすべて踏みつぶそうとしたら、ゾウのほうが足を折ってしまうかもしれない。

2004年10月21日 北京晨報

It's difficult for an elephant to step on all the ants because the ants won't allow it. They'll run here and there. And the elephant may break a leg trying to step on them all.

地の利で勝つ

アリババは揚子江のワニみたいなものだ。海のサメと闘ったら、負ける。だが揚子江の中で戦えば、負けることはない。ｅＢａｙは私たちの国である中国に来て闘おうとしたが、私たちには地の利がある。私たちは3元で麺を食べることができるから、同じ麺を食べるのに３００元も払うような、ばかばかしいことはしない。私たちが１億元投資している時に、ｅＢａｙは７００億元も投資する。だがどうやって、私たちを負かすことができるというのか。

——２００４年10月23日　ＣＮＢＣ（アメリカのニュース専門テレビ局）

Alibaba is like a crocodile in the Yangtze River. To fight with a shark in the sea is to lose. However, if we fight in the Yangtze River, we surely will not be defeated. eBay came to China to do battle in our native country where we have home-field advantage. Here it is OK for us to eat a bowl of noodles for ¥3 and rather stupid to spend ¥300 for the same. eBay invests ¥70 billion in the Chinese market to our mere ¥100 million. But what can they do better than us?

Never Give Up

5年前、私と仲間たちは世界で最も偉大な会社を作ろうと思っていました。そんなことを言うのは頭がどうかしているといろいろな人に言われました。だが、人から何と言われようと、そういう会社を作ろうという私の夢に変わりはありませんでした。2001年から2002年のITバブル崩壊による不況の時期、私たちはとにかく生き延びることだけを考えていました。ほかのインターネット企業がすべて倒産しても、自分たちだけはなんとか生き延びよう、そう思っていたのです。

Five years ago, my colleagues and I wanted to create the world's greatest company. Many thought such talk was mad. But no matter what was said, my dream to create such a company didn't change. In the Internet recession of 2001–02 we talked only about "surviving." Even if all the other Internet companies died, we had to survive.

私たちは生き延びました。あきらめなかったから、自分たちの夢を信じ続けたからです。たえず努力し、間違いから学び続けたからこそ、成功することができたのです。

今日、状況は厳しく、明日はもっと厳しいかもしれない。でも、美しい明後日が待っているかもしれません。それなのに、厳しい状況が続くと明日が来る前にあきらめてしまう人が多すぎる。だから、もう一度言っておきましょう。

今日あきらめてはいけません！

——２００４年12月28日　中国中央電視台（ＣＣＴＶ）「今年の経済人賞」を受賞して

And we did so only by refusing to give up, by believing in our dream. This incessant effort and constant ability to learn from our mistakes led to success. While today is tough, tomorrow can be even tougher. However, the day after tomorrow may be beautiful. But too many will give up after tough times on the eve of tomorrow. Therefore, never give up today!

起業家の仕事

自分は勝者だと言うつもりはない。成功したと話すよりも、自分は多くの困難を克服してきたと言うほうが好きだ。毎日、難題に直面し、克服しなければならない問題が出現する。それこそが、私の実績だ。創業第1日目から、すべての起業家は分かっているはずだ。自分にとっての毎日の仕事は、成功することではない、困難や失敗をなんとかすることだと。

I never say that I'm a winner. Rather than claim success, I prefer to state that I conquer many difficulties. Every day, I face challenges and encounter problems that must be overcome. This is my main achievement. From day one, all entrepreneurs know that their day is about dealing with difficulty and failure rather than defined by "success."

私にとって最も困難な時は、すでに過ぎ去ったわけではない。これからやってくる。10年近く起業家として生きてきたが、その困難な時を避けることもできないし、他人に代わりになんとかしてもらうこともできない。起業家は失敗を直視できなければならない。そして、絶対にあきらめない人間でなければならない。

――2004年 中国中央電視台（CCTV）ウェブサイト

My most difficult time hasn't come yet, but it surely will. Nearly a decade of entrepreneurial experience tells me these difficult times can't be evaded or shouldered by others—the entrepreneur must be able to face failure and never give up.

採用の本質

その仕事に最も適した人を採用すべきだ。応募者の中で最も能力のある人ではなく。それが分かるようになった時、あなたは非常に苦い教訓を得ているだろう。トラクターを走らせるのに、ボーイングのジェット・エンジンを搭載する必要はない。

——2005年3月 東莞《トウカン》 アリババ会員企業大会

Hire the person best suited to the job, not the most talented. This can be a very painful lesson. There's no point putting in a Boeing jet engine when you need to run a tractor.

80年の経営計画

1999年、インターネット企業は設立以降8か月ももてば運がいいほうだと言われていたが、私たちは会社を80年は継続する計画だった。この80年という目標を発表することによって、短期的な利益を狙ってIPOの際に現金を手に入れようという投機筋を追い払うことができた。

――2005年3月 東莞 アリババ会員企業大会

In 1999, at a time when Internet companies were lucky to last eight months, we said our plan was to run our business for 80 years. This target of 80 years weeded out speculators interested only in chasing and cashing in on an IPO.

我が社の社員はアリババの思考法で考える訓練を受けます。
世界のどこで働いていようと、杭州に来て1か月の研修を受け、アリババの使命、価値観、企業文化を学ぶことになっています。そうしないとアリババの社員にはなれません。私たちは2時間かけて、研修生たちに、社員の行動は社員の考えを反映するという話をします。

Our employees are trained to think the Alibaba way. No matter where they work in the world, they must come to Hangzhou for a month to learn both our mission and value concepts and company culture. Without this, they can't become Alibaba employees. We spend two hours telling trainees that their actions reflect their thoughts.

たいていの場合、営業マンは、どうしたらあなたのポケットから5元を自分たちのポケットへと移動させられるか考えています。しかし、アリババの社員は、その5元をあなたのポケットに入れたままにしておいて、どうしたらそれを50元に変えることができるか、考えなければなりません。この考え方が、私たちとほかの企業の違いです。

――２００５年３月　東莞　アリババ会員企業大会

Most of the time, salesmen think of how to get ¥5 from your pocket into theirs. Alibaba employees need to consider how they can keep that ¥5 in your pocket and change it into ¥50. Thinking this way makes us different.

経験から学ぶ人間

実を言うと、ビジネスを始めるのはごく簡単なことだ。
それはまるで、自分を導いてくれる灯りを探しながら、
暗闇の中を歩くようなものだ。10年経ってようやく、
戦略や戦術の話ができるようになった。
私はビジネスが成功した理由よりも、失敗した理由を
考えるほうが好きだ。
アリババが生き残ることができたのはジャック・マー
のリーダーシップのおかげだと言う人たちもいるが、
それは違う。私はそんなに頭がよくはない。
でも、私は経験から学ぶことのできる人間だ。

——2005年3月21日 広州 アリババ会員企業大会

Actually, it's very easy to create a business. It's like walking in the dark, looking for light somewhere to guide you along. Only after 10 years am I comfortable now to talk about strategy and tactics. I prefer studying the reasons why businesses fail rather than why they succeed. People say that Jack Ma's leadership is the reason for Alibaba's survival. That's incorrect. I'm not that smart, but I am good at learning from experience.

社員への敬意

21世紀、企業が発展するために最も必要なものは何だと思う？それは、社員だ。社員には敬意を持って接しよう。そうすれば、会社の士気は大いに上がる。社員の満足度はその会社の前途に直結している。

――2005年3月21日 広州 アリババ会員企業大会

What's most important for a company's development in the 21st century? Employees. Treat them with respect and morale is greatly enhanced. Employee satisfaction ties directly into a company's prospects.

絶対に人をだましてはいけない。
ビジネスでも、人生でも。
1995年、私は4つの会社にだまされました。
その4社はもう存在していません。
人をだまして、会社がやっていけるなんてことはあり得ない。

――2005年7月 上海 アリババ会員企業大会

Never deceive others, in business or in life. In 1995, I was deceived by four companies—four companies that are now closed. A company cannot go far by deceit.

苦痛に満ちたプロセス

競争は必然だ。それは苦痛に満ちたプロセスだが、会社を成長させる。競争相手には、最良の相手を選べ。だが絶対に、個人攻撃と勘違いするな。

――2005年7月 上海 アリババ会員企業大会

Competition is a must. It is a painful process that forces your company to grow. Choose the best to compete with, but never take it personally.

ライバルと闘うのではなく、ライバルを受け入れ、彼らの核心的なコンセプトを分析したほうがいい。企業は競争相手に滅ぼされるのではない。滅びるとすれば、それは自分で自分を滅ぼした時だ。

――2005年7月 上海 アリババ会員企業大会

Don't fight your rivals but embrace them and analyze their core concepts. No rival can kill you—only you can kill yourself.

競争を楽しむコツ

ライバルが弾丸をたくさん装填《そうてん》しているなら、それをすべて壁に向かって撃たせるようにするんだ。正しい戦略があれば、競争は楽しみになる。競争は苦痛の元ではなく、楽しいゲームになる。このゲームの戦略を考えることで、あなたがたと社員たちはしっかり団結できる。覚えておくことだ。短気を起こしたほうが、ゲームの敗者になる。

――2005年7月 上海 アリババ会員企業大会

If our competitor is loaded with bullets, we'll try to get him to shoot them into a wall. With the right strategy, competition should be an amusement, a game—not a source of pain. Conceiving the strategy of this game unites your employees and you. Remember, the first to lose their temper, loses the game.

この世に悪い社員はいない

リーダーが果たすべきもう1つの役割は、自分のチームのメンバーの1人1人が持つユニークなスキルを発見することだ。

この世界に、悪い社員はいない。悪いリーダーと悪いシステムがあるだけだ。1人1人の労働者の可能性を、消耗させるのではなく、注意深く育てていこう。

(中略)リーダーの目で見れば、すべての社員はよい社員だ。プロの経営者の目で見れば、すべての社員は悪い社員だ。リーダーは、すべての社員の潜在能力を見いだし、活用する。


——2005年7月 上海 アリババ会員企業大会

Another function of a leader is to discover the unique skills in every member of his team. In this world, there are no bad employees, only bad leaders and bad systems. Nurture carefully every worker's potential without exhausting it. . . . In the eyes of a leader, all employees are good. In the eyes of a professional manager, all are bad. A leader finds and utilizes the potential in all employees.

責める相手は自分

自分が常に成長していけるように気を配り、常に学び続けよう。自分がいま置かれている立場が気に入らないと神様を責めたり、他人を責めたりするな。責めるなら、自分を責めろ。

――2005年7月 上海 アリババ会員企業大会

Pay attention to your own development and keep learning constantly. Never blame God or others for your position in life. Blame yourself.

ほかの大企業を羨むな。社員が一丸となって、共通の目標、共通のミッション、共通の価値のために努力してさえいれば、いまの会社が一番だ。

――2005年7月 上海 アリババ会員企業大会

Never envy another big company. Your current company is the best as long as you share common goals, missions, and values.

4つの敵

競争に直面した時、気をつけなければならない敵には4種類ある。
第1に、目に見えない敵だ。
第2に、自分が見くびっている敵だ。
第3に、理解できない敵だ。
最後に、あらゆる方法を試しても、どうしてもついていけない敵だ。

——2005年7月22日 青島《チンタオ》 アリババ会員企業大会

When confronting competition, be mindful of four things. The first one is that which you can't see. The second is that which you look down on. Third is that which you can't understand, and finally, the fourth one, after trying all methods, is that which you can't follow up on.

間違いをしないCEOなんていない。成功している人は誰でも、欲求不満に苦しんだ時期があったし、間違いもしてきたはずだ。

――２００５年７月22日　青島　アリババ会員企業大会

There is no CEO who does not make mistakes. Every successful person has faced frustration and made mistakes.

1999年、初期のアリババの戦略は、中国国内のeコマース市場を飛び越えて、いきなり国際的になることだった。

私たちはこの戦略を「予選グループAはすっ飛ばして、直接、ワールドカップに出る」作戦と呼んでいた。

しかし、1999年から2001年、アリババはまだ無名だった。

私たちは欧米市場を狙っていて、私は欧米諸国で何度もスピーチをした。

In 1999, Alibaba's early strategy was to skip over our domestic e-commerce market and immediately go international. We called this "jumping over a First Division Group A team to enter directly into the World Cup." However, from 1999 to 2001, Alibaba was not well known. Our focus was Europe and the United States, and I made many speeches over there then.

２０００年にドイツでイベントを開催したが、それは私の人生で最もみじめな体験になった。１５００人の座席を用意したのに、来てくれたのはたったの3人だった！本当に恥ずかしかったが、スピーチは最後までやらなければならなかった。

――２００５年７月22日　青島　アリババ会員企業大会

My most miserable moment was at an event we organized in Germany in 2000. We set seats up for 1,500 people—only three showed up! I was very embarrassed but still had to go through with my speech.

信用の力

杭州の地元の新聞が、私たちの民営インターネット企業はちゃんとした会社ではないというようなことを紙上でほのめかしていました。そうではないと証明するために、英語で作った会社のPR資料をアメリカから航空便で送らせました。我が社の米国のウェブサイトをカラーで印刷したもので、国際的なインターネット企業だと思ってほしかったのです。難しいスタートでした。あとになって分かったことだが、ウサギはまず自分の巣穴の近くの草から食べるものです。我々も、まず地元で友だちを作るべきでした。

A local Hangzhou newspaper implied in print that our private-enterprise Internet company lacked any real standing. In order to prove differently, we introduced our company with English PR materials sent from the US by courier. We printed out pages from our US website in color to show we were an international Internet presence. This was a difficult start. Later we realized that rabbits naturally eat the grass by their own burrows first, and we should have made friends locally from the beginning.

そういう経験もすべて、信用を築く上で役立ちました。

いまでは、幸せなことに、たとえ私がこの会社を去るにしても、電話を1本かけるだけで3000万ドルは融資してもらうことができます。

それが信用というものです。

私には大勢の起業家の学生がいますが、私に信用があるからこそ、彼らは私を信頼してくれます。

もちろん、信用は正しく使わなければならないし、自分の言ったことは守らなければなりません。私たちはこのような信念によって、ずっと歩いてきました。


――2005年12月8日　中国中央電視台（CCTV）イノベーション・フォーラム

All this helps in credibility. I'm lucky now in that even if I were to leave this company, I could still finance USD$30 million with one telephone call. That's credibility. I have a large number of entrepreneurial students, and their trust is based on my credibility. Of course, you must use this credibility well and do what you say. We've walked the walk by relying on this belief.

嘘つきと呼ばれて

あなたが革新者《イノベーター》であるなら、プレッシャー、批判、孤独は避けられない。最初の頃、私たちは嘘つきと言われ、次にはクレイジーだと言われ、いまでは完全に頭がおかしいと言われている。

だが、他人になんと言われようと、私たちは会社を信じているし、自分たちを信じている。

他人が私たちをどう見るかは気にしない。

肝心なのは、私たちが世界をどう見るかだ。

どう前進すれば、夢を実現できるか。

それを知っているのが起業家だ。


――2005年12月8日 中国中央電視台（CCTV）イノベーション・フォーラム

You must be ready to bear the pressure, criticism, and loneliness that come with being an innovator. At first we were called cheaters, then crazy, and now complete lunatics. No matter what other people say, however, we believe in our company and ourselves. I don't care how others look at us but rather how we look at the world. Knowing how to move forward to meet your dream is the way of the entrepreneur.

笑顔

笑顔はアリババの重要な企業文化だ。我が社のロゴも笑顔だし。社員やお客様が家に帰る時には、笑顔でいてほしいんだ。私はオフィスに来る人すべての顔を覚えているわけではないが、アリババの社員なら、きっと笑顔だから、すぐに社員だと分かる。

――2006年6月16日 アリババ経営陣に対する発言

Smiling is very important to the culture at Alibaba. Our logo is a smile. When our employees and clients go home, I want them to be smiling. While I can't remember the face of every person who comes by the office, I identify if they are Alibaba staff by their smile.

最善を尽くして計画を立てても、コミュニケーションの問題が生じることはある。5月に私たちは「あなたの富を増やしましょう」という重要な入門イベントを無料で開催した。今後のイベントは有料にしなければならないのだが、みんなが今後も無料だと期待してしまった。競合企業は似たようなイベントをいつも有料で開催しているのだが、アリババは有料にしたことでひどく批判された。

Communication problems can exist despite your best planning. In May, we held an important introductory "Expand Your Wealth" event at no charge. Everyone then expected future events would be free, too, but we found it necessary to have an entry fee. Although our competitors routinely charged for the same thing, we were criticized for this.

もっときちんとPRして、理解してもらうよう努めなかった我々が悪い。顧客のために新しいことを始める時は、必要不可欠な4つのステップがある。彼らを論理的に説得すること、感情的にその気にさせること、金銭的に動機を与えること、そして、彼らに対していつも公平で正しくあることだ。

——2006年6月16日 アリババ経営陣に対する発言

We had no one to blame but ourselves for not having better PR and getting word out. In a new product launch for clients, there are four indispensable steps: convince them logically, motivate them emotionally, tempt them monetarily, and be fair and just to them.

孫正義

私は頭のいい人たちを大勢知っているが、孫正義《そんまさよし》（ソフトバンクCEO）は特別な存在だ。にぶそうに見えるかもしれないし、変てこな英語をしゃべるが、素晴らしい英知を持った人だ。見た目はとろそうに見えるかもしれないが。

毎年、700社を超える企業がソフトバンクの出資を求める。ソフトバンクはそのうち10％に投資するが、孫正義はそのうちのただ1社とのみ、直接交渉した。私たちだ。彼は私にこう言った。

「アリババに投資する理由は、あなたのユニークなリーダーシップだ。その調子で頑張ってください！」


――2006年『フライ・ハイアー』前書き

I know lots of smart people, but Masayoshi Son [CEO of SoftBank] is unique. He may look dull and speak weird English but he has great wisdom even as he appears a little slow-witted. More than 700 companies apply annually for investment from SoftBank. They invest in about 10 percent of them, and Masayoshi Son negotiated directly only with one: us. His words to me: “I invest in you because of your unique leadership. Keep it up!”

2007-2011

加速

香港証券取引所に世界第2位の規模で
株式上場を果たしたアリババ。
その後毎年恒例となる
「独身の日」大セールの開始や、
アリペイ（支付宝）の会員数の増大、
国内外企業の買収など、
世界でも最大規模の企業集団へと
成長を加速させていく。

TIMELINE

ジャック・マーの歩み PART3

2007

11月、アリババ、香港証券取引所に新規上場。131億香港ドル（約17億米ドル）の資金を集める。インターネット企業としては、世界第2位の規模のグローバル新規株式公開（IPO）。

2008

淘宝《タオバオ》5周年を祝う。淘宝《タオバオ》サイトへの20億元の投資を発表。

淘宝《タオバオ》、B2C小売りサイトの「タオバオモール（淘宝商城）」を立ち上げる。

2009

ジャック・マー、「独身の日」[4]を提案。

アリペイ（支付宝）のユーザーが2億人を超える。

タイム誌がジャック・マーを「世界で最も影響力のある100人」に選ぶ。

アリババドットコムが、中国最大のインターネット・プロバイダーのHiChinaを買収。

2010

アリババドットコムが1688ドットコムに名称変更。

アリババ、環境問題への意識を喚起するため、環境保護基金に年間収益の0・3％を拠出すると発表。

アリババ、米国の小企業のためのeコマース・サービス・プロバイダー企業ヴェンディオとオークティヴァを買収。

天猫（Tモールドットコム）[5] が独立企業となる。

ヤフーによる米証券取引委員会への申し立てにより、マーがアリババにあったアリペイ（支付宝）の所有権を、マーとアリババの共同創設者の1人謝世煌《シエシーホアン》が所有する国内資本企業（浙江アリババ）に移転したことが明らかになり、アリペイ（支付宝）の支配権をめぐる争いが表面化する。

アリババ・ネットワーク、香港証券取引所で正式に上場廃止。

4）中国で「光棍節《こうこんせつ》」として祝われる独身の日（11月11日）。インターネット通販をはじめ、中国全土で一大商戦が繰り広げられる。

5）Tモールは、アリババが運営するECサイトの1つで、淘宝《タオバオ》が個人での出店が可能なのに対し、Tモールでは企業のみが出店可能。

企業は動物園であるべき

企業のあり方は動物園のあり方と似ている。動物園にはより多くの種類の動物がいるほうがいい。企業もそれと同じで、いろいろ異なる業種の経験のある優れた人材がいるのがいい。それはきっと、会社の革新を助けてくれる。

——2007年6月24日 湖畔会談

A company's identity is somewhat similar to a zoo's. Just as a zoo is enhanced by having a wide variety of animals, so too does a company benefit from a talented staff representing all walks of life. This can only aid in innovation.

大惨事に見舞われたら

大惨事に見舞われたら、まずお客さんのことを考えよう。それから社員のことを考え、そのあとで競争相手のことを考える。いや、競争相手のことは考えないほうがいいだろう。まずは、自社のトラブルを何とかするのが先だからだ。

危機に対処する時は、それは顧客にどんな影響をもたらすか、それから社員にどんな影響をもたらすかを考えよう。どう行動するべきか、社員たちがちゃんと分かっているなら、会社が長期的に生き延びられる確率は高くなる。

――２００７年８月 中国中央電視台（ＣＣＴＶ）のリアリティー番組「赢在中国（中国で勝利する）」

When disaster strikes, think of your clients. Then think of your employees and, after that, your competition. Actually, better not think about the competition because you need to handle your own troubles first. In dealing with a crisis, think of how it affects your clients and then your employees. If your employees are clear about how to react correctly, your survival for the long term is enhanced.

もともとは、アリババには投資家たちに答える単独の取締役会があった。いまでは5社に分割しているから、それぞれの会社に取締役会がある。1人の投資家が何もかも支配するような事態を避けるためだ。私は株主を尊敬しているし、ときには彼らの意見に耳を傾けるが、自分の考えで行動している。

Originally, Alibaba had a single board of directors to answer to our investors. Now we're divided into five companies, each one with its own board, to eliminate the risk of one investor controlling everything. While I respect shareholders and occasionally even listen to them, I act on my own ideas.

社員の意見を聞くが、それでもやはり自分が正しいと思うことをやっている。しかし顧客に対しては、私は耳をダンボにして意見を聞き、できるだけ彼らの助言を受け入れるようにしている。顧客が一番、社員が二番、株主は三番。ＩＰＯをやったって、株式市場がどうなったって、この順序は永遠に変わらない。

――２００７年８月１日『財経』誌

I hear from my staff too, but still do what I think is right. But for customers, I'm all ears and try to follow their advice as much as possible. Customers first, employees second, shareholders third—this order doesn't change because of an IPO and the stock market.

夢

何でもいいから、夢を持つことが必要だ。夢が、事業を始める際の最高の運転資金だ。次に、あきらめずに続けることだ。世の中にはもっと頭のいい人たちもいるし、もっと勤勉な人たちもいる。それでも私たちが成功し、彼らが成功しなかったのは、なぜだと思う？　私たちがあきらめなかったからだ。ほかの人たちはインターネットには未来があると信じなかった。

No matter what, you must have a dream. This is the best working capital to start with. Second, keep at it. There may be smarter people and more industrious people, but why did we succeed and make money when others didn't? We kept at it. Others didn't see a future for the Internet or the value in search engines, e-commerce, or a B2B network.

検索エンジンやeコマース、B2Bネットワークの価値を信じなかった。ほかの人たちが倒産していった時も、私たちは粘り強く続けていた。

（中略）アリババの社員たちは、会社をやめればほかの仕事が見つかるだろうとは考えずに頑張り続けた。そして、何もかもうまくいくようになるまで、困難な時期をなんとか切り抜けてきたのだ。

――2007年9月15日　杭州　アリババ会員企業大会

While others went bankrupt, we kept at it. . . . Not thinking they'd find another job anyway, our employees stayed on and muddled through until we all became much better.

もちろんアリババだって、いろいろな危機に直面してきた。そうでなかったら、私がこんなにガリガリ痩せているはずがないだろう？　この5年間に1キロも太らずにいられたはずはないだろう？

将来会社がうまくいき始めたら、ボスである私はのんびりできるはずだと思ったこともあった。ところが、現実はそうではない。私はますます疲れている！

起業家はずっと危機に直面し続ける。それはいいことだ。会社の中の小さな痛みに毎日対処したほうがいい。あとでそれが癌《がん》になってしまう前にね。


――2007年9月15日　杭州　アリババ会員企業大会

Of course Alibaba has faced its share of crises! How else could I possibly remain this thin and not gain even one kilo these past five years? I once thought when your company starts to grow the boss can relax a little. Instead, I'm more tired than ever! An entrepreneur constantly confronts crises— a good thing. Better to deal daily with small pains inside the company before they turn into a cancer.

自分の信念を守ろう。自分の信念に忠実でありつづけよう。自分の信念をよく考えてみよう。自分の信念に基づいて、正しいことをしよう。この4つの軸が、初期のアリババを導いた。この信念がなければ、進むことはできない。私はその頃、かたく信じていた。インターネットは中国を動かし、中国を変える。中国でeコマースは大きく発展する。そして、eコマースは中国のユーザーたちをきっと豊かにする、と。

―― 2007年9月15日 杭州 アリババ会員企業大会

Be firm in your beliefs. Hold on to them, study them, and do the right thing by them. These four key points guided Alibaba's early steps. Without this faith, you cannot walk. My firm belief was that the Internet would influence and change China, that China would develop e-commerce, and that e-commerce would help make its users rich.

旅の始まり

アリババ集団にとって、香港でのIPOは始まりにすぎない。長い旅を前にしてガソリンスタンドで給油しているところだ。

2007年11月6日 香港証券取引所 新規株式公開 記者会見

For the Alibaba Group, our IPO in Hong Kong today is only a beginning. We're fueling up in a gas station for a long trip ahead.

eコマースは未来に大きな貢献ができるが、時折危機にも見舞われるだろう。たとえ今日はつらくても、明日はもっとつらくても、明後日は美しい日になる。とにかく続けること、ふんばり続けること、そして最悪の明日に備えることだ。そうすればきっと、明後日の夜明けを見ることができる。

――2007年11月6日 香港証券取引所 新規株式公開 記者会見

E-commerce can offer great contributions to the future, but there will be a crisis now and then. While it can be painful today and even more painful tomorrow, it can be beautiful the day after tomorrow. Keep on and hold on and always be ready for the worst that may happen tomorrow. Then you'll get to see the sun rise the day after tomorrow.

アリババはたくさん失敗してきて、私はそれを「1001の失敗」と呼んでいる。

まず、急速に拡大しすぎたので、ドットコム・バブルが崩壊した時には、社員を解雇しなければならなかった。2002年には、なんとか1年半生き延びられる程度の現金しかなかった。無料で我が社のサイトを使っている会員企業がたくさんいたが、どうしたら

I call Alibaba "1,001 mistakes." We expanded too fast, and then in the dot-com bubble, we had to have layoffs. By 2002, we had only enough cash to survive for 18 months. We had a lot of free members using our site, and we didn't know how we'd make money.

お金を儲けられるのか分からなかった。そこで、中国の輸出業者が米国のバイヤーと出会えるようなサイトを作った。このモデルを作ったことで救われたよ。2002年の年末には、1ドルの利益を出した。それから、毎年前進してきた。いまでは、アリババは大きな利益を上げている。

——2008年1月1日『インク』誌

So we developed a product for China exporters to meet U.S. buyers online. This model saved us. By the end of 2002, we made $1 in profits. Each year we improved. Today, Alibaba is very profitable.

暗黒時代の教訓

アリババの暗黒時代に私が学んだことは、価値とイノベーションとビジョンを持つチームを作り上げなければならないということだ。とにかくあきらめさえしなければ、チャンスはまだある。会社が小さいうちは特定のことに集中するべきだ。力ではなく、頭を使うことが肝心だ。

―― 2008年1月1日『インク』誌

The less ons I learned from the dark days at Alibaba are that you've got to make your team have value, innovation, and vision. Also, if you don't give up, you still have a chance. And, when you are small, you have to be very focused and rely on your brain, not your strength.

CEOがCEOとして振る舞うべき時には、2種類しかない。そしてどちらも「正常な時」ではない。1つは決断を下す時であり、もう1つは、間違いをした時だ。CEOは常に、自分の間違いを認めなければならない。社員のやった仕事のあら探しをしたり、部下を責めたりしてはだめだ。CEOは「成功」したのは自分のおかげだと言いたがるようではいけない。

――2008年3月5日 深圳《シンセン》 アリババ会員企業大会

You act as a CEO only under two circumstances, neither during "normal" times. First, when you make a decision, and second, when you make mistakes. Always admit your mistakes and never look to find fault with your employees' execution or to blame your subordinates. A CEO shouldn't be preoccupied with claiming "success."

真似できないもの

他社がアリババをそのままコピーして真似することは可能だろうか？もしかしたら、我々の方法は真似できるかもしれない。だが我々のチームや、我々が失敗から学んだ英知を真似することはできない。それに、私の考え、我々が顧客から受けている信頼、彼らが与えてくれたチャンスを真似することはできない。とは言っても、我々を追い越すことのできる会社が絶対にないとは言えない。

Can Alibaba be copied? Our methods, maybe, but not our team and the wisdom gained from our mistakes. Nor can you copy my thoughts, our clients' trust, or the opportunities they've presented us. This does not mean that another company won't ever surpass us.

今後、100社、200社、あるいは1000社のeコマース・サイトが設立されるかもしれない。中国のeコマース市場で、もっと多くのウェブサイトが新しいチャンスを作り出し、そこから利益を生み出すことを私は期待している。アリババのサイトが進化中であり続けたら、5年後に私たちを真似する必要はなくなっているだろう。

——2008年3月5日 深圳 アリババ会員企業大会

We may see 100, 200, or even 1,000 e-commerce websites created. In the Chinese e-commerce market, I hope many more websites will innovate and exploit opportunities. If Alibaba's own site remains a work in progress, there'll be little need to copy us five years from now.

自分がどういう人間なのか、成功したのはなぜなのか、理解しておくべきだ。アリババの現在の成功について言えば、まず、インターネットの出現に感謝しなくてはならない。インターネットというものがなかったら、私たちがこのような革新的なビジネスのアイデアを思いつくこともなかっただろう。

Understand who you are, the reasons for your success. As to our present situation, we first need to thank the emergence of the Internet. Without the Internet, we could not possibly have such revolutionary business ideas.

それから、中国経済の急速な発展にも感謝しなくてはならない。社員たちにも感謝している。私という人間に5年間も我慢してくれた。いままでもまだ、私を信じて、ついてきてくれる。しかし本当に有能で、頭がいいのはジャック・マーではないのです。社員たちなのです。

――2008年3月5日 深圳 アリババ会員企業大会

Second, we need to show gratitude for the high-speed development of China's economy. For this, I thank my team. Having put up with me for five years, they still believe in and follow me. But it's not Jack Ma who's very capable and smart—it's my employees.

逆さまの組織図

私たちの会社では、組織図は普通の会社の逆さまになっています。一番上に顧客、社員がそのすぐ下、それから管理職、副社長、そして一番下がCEOの私です。私のボスは、すぐ上にいる副社長たちです。副社長たちのボスは、その上の管理職の社員たち。そんなふうに順々に上に上がっていって、一番上では、社員のボスが顧客になります。

In our company, the organization chart is reversed. The client is on top, employees are right below them, then the managers, the vice presidents, and me, the CEO, at the bottom. My bosses are the vice presidents above me. The vice presidents' bosses are the managers above them—and so on up with employees having clients as their bosses.

ＣＥＯである私はサッカーチームのゴールキーパーです。ゴールキーパーがチーム内のほとんどすべての動きを見なければならないようでは大問題です。スキルのレベルがどうであれ、きっと大きなトラブルになります。

——２００８年３月５日　深圳　アリババ会員企業大会

As CEO, I am the "goalkeeper" on this soccer team. If the goalkeeper sees the most action on the team, that means big trouble, no matter the skill level.

孤独な職業

リーダーになるということは、とてつもなく孤独だということだ。ナンバー2、ナンバー3の幹部さえ、リーダーであるあなたを理解してはくれないだろう。

船長は出帆したら、時折自らポールを登って、風がどちらの方向に吹いているか確かめる。

私の場合も、1年先のことを考えて、今後のために適切なシステムや、人材

The day you become a leader, you will be very lonely. Even the second- and third-incommand will find it difficult to understand you well. When the captain sets sail, sometimes he personally climbs up the ship's pole to see which way the wind is blowing. For myself, I need to think of things a year ahead of time, to consider the right systems and deployment of human resources to come.

の配置を考える必要がある。成功するのは、さらに1年先のことかもしれない。だから、いま自分がした決定が正しいかどうかは、その時にならないとはっきり分からない。それでも、自分が失敗の責任を負う覚悟ができていなければ、成功を楽しむこともできないだろう。

――２００８年３月５日　深圳　アリババ会員企業大会

Success may be another year off, so decisions now may not be clear until then. But I can't enjoy success unless I'm willing to shoulder the responsibility of failure.

後継者

うちの副社長たちのほとんど全員が長年勤務していま す。それでも、交代のために後継者を準備しておくこ とは必要です。会社が幹部社員たちによって人質に取 られたり、幹部社員たちが会社によって人質に取られ たりするようではいけません。

私自身は、何年も前に、アリババに人質に取られたこ とがあります。重要な幹部社員4名に交代で休暇を取 らせて、2、3年ずつ外国に留学させたからです。 そうしたら、自分はどこにも行けなくなってしまいま した。

Almost all of our vice presidents have stayed with us through the years. Still, it is important to have successors ready for staff replacement. The company should not be held hostage by key employees, nor those employees by the company. I myself was kidnapped by Alibaba several years ago. I let four key staff members take their holidays in shifts and study abroad for two to three years—meaning that I couldn't go anywhere.

ジャック・マーは自分の会社の幹部社員を「取り除いている」なんて言う人たちがいるようです。

そんなことはありません。しかし、彼らが何十年も働いて、疲れ切って、会社の同僚以外に友達が1人もいないようなことになった時に備えて、後継者のシステムを用意しておくことは必要です。

幹部社員たちは、休暇を取る暇なんてあるはずないと思っているでしょう。それでも、休暇は取らなければならないのです。幹部社員に無理やり休暇を取らせれば、それがもっと若い社員たちにとってはよい機会になるのです。私たちは心の底から、そう信じています。


——2008年3月17日 北京 アリババ会員企業大会

Some say that Jack Ma "eliminates" his company's senior workers. But our successor system needs to be ready for those who have worked for decades and may be too tired, who have no friends except for their work colleagues. While it may appear that there is never a good time for them to take a leave of absence, they must. Once they are forced to do so, your younger workers will have their opportunity. We believe this in our hearts.

3つの質問

サバイバル。この一言に尽きます。

中小企業は独自の方法でサバイバルする必要がある。

危険の中にこそ、チャンスがあります。

大きな危機を迎えたいま、大企業はやられるかもしれないが、こういう時にこそ、中小企業が躍進できる。

この3つの問題を考えてみてください。
1）あなたは何をしたいのか？
2）あなたは何をするべきか？
3）それをどれほどの時間、するべきなのか？

One word: survival. Small and medium enterprises need unique survival methods. Opportunity exists in danger. A big crisis may take down larger companies, allowing small- to medium-sized businesses to emerge. Think through three questions: 1) What do you want to do? 2) What should you do? 3) How long do you do it for?

あなたは何をしたいのか？

理想と夢を持たなくてはならない。そのためなら、自分の家を売ってもいいと思えるほどの理想と夢です。

あなたは何をするべきか？

この問題を最初の時点から考えることは非常に重要です。それは言うに易く、行うのは難しいことですが。

それをどれほどの時間、するべきなのか？

どんな業界でも、最初の5年間に少なくとも30のチャンスがあると思っていい。

周りからいろいろな誘惑や圧力があっても、このことをしっかり心に留めて頑張ってください。


——２００８年３月17日　北京　アリババ会員企業大会

What do you want to do? You must have an ideal and a dream you're willing to give up your house for. What should you do? It's critical that you think about this from the very beginning. Easy to say, difficult to do. How long do you do it for? No matter the industry, count on at least 30 chances in your first five years. Insist on this principle no matter outside temptations and pressure.

競争の醍醐味

私が競争が好きかどうかって？

もちろん、好きだ。

競争はあなたを向上させる。

あなた方はよりよい会社になれる。

そして、その過程で、ライバルを怒らせることができる。怒っている闘士は、強くはありませんよ。


――2008年3月17日 北京 アリババ会員企業大会

Do I like competition? Yes. Competition allows you to improve yourself, be better, and in the process, make your rivals angry. An angry fighter is not a good fighter.

どんな国であっても、中小企業こそがイノベーションの主な源なのです。会社が大きくなったら、イノベーションは事業のスケールと大きく関わるようになります。そうなると、さらにイノベーションを進めるためには、会社の外の広い世界を見るようにしなければならなくなります。

――2008年4月14日 博鰲《ボアオ》アジア・フォーラム

No matter what country, small and medium enterprises are the main source of innovation. Once your enterprise becomes big, innovation concerns itself with the scale of the operation. At this point, my thought is that you always need to look outside your company for further innovation.

冬に備える

2月の社員会議で私は、冬が来た時に備えなければならないと言った。何でも当たり前にうまくいかなくなる時が来る。上場（香港でのＩＰＯ）以来の投機筋の動きで、我が社の株価は約3倍になったが、その歓声と拍手の中でも、私は黒雲と雷が集まっているのを意識していた。たやすく湧き上がる情熱と熱狂は、同じようにたやすく消え去ってしまうものだ。株価が急上昇したからといって、目が見えなくなり、理性を失うようなことのないようにしたい。

At a staff meeting in February I said we needed to prepare for when winter came. It was not a time to take things for granted. When speculation tripled our share price following our [Hong Kong IPO] listing, I was mindful of dark clouds and thunder gathering even amidst the cheers and applause. Passion and fever that come quickly can fade with the same amazing speed. I wasn't willing to lose sight and lack reason concerning the sharp rise in share price.

株式上場の式典で、私たちは今後もこれまでどおりにやっていくと話した。私たちの使命に変わりはない。株価の上下など気にするな。お客様が一番だということを忘れるな。
私たちは顧客に対して、社会に対して、株主に対して、それに彼ら全部の家族に対しても、長期的な約束をしている。
この約束が果たされれば、株価も会社の創造した価値を自然に反映するようになるだろう。

――２００８年７月23日 社員へのメール「冬のミッション」

During the listing ceremony, I said that we would go on as always. We would not change our mission. Forget share-price fluctuations and remember clients come first. We have a long-term promise to our clients, society, shareholders, and their families. When these promises are fulfilled, then our share price will naturally reflect the value created by the company.

組織

アリババの組織は1人や2人の人間に頼ってやっているのではありません。私が引退して会社がつぶれるようなら、それは会社の組織がちゃんとできていなかったということになります。

――2008年8月2日 第5回eビジネス・チャンピオン大賞授賞式

Our system does not rely on one or two people. If I leave and the company collapses, then it wasn't well constructed.

起業するのに資金より大切なこと

1995年、私は徒手空拳でビジネスを始めた。資本は仲間たちとのチームワーク、それにグループとしての意思の力だけだった。金がなければ何も始められないと多くの起業家が言う。だが起業家というものは、金ではなく、責任感とチームワークによって歩みを進めるべきだ。真の起業家は、金を第一には考えない。会社を始める時は、自分たちの夢だけを考える。金はあとになってからついてくる要素にすぎない。

――2008年8月2日 第5回eビジネス・チャンピオン大賞授賞式

In 1995, I started my business with nothing. Capital consisted of collective willpower and teamwork. Many entrepreneurs say without money they can't start anything. This is wrong. Entrepreneurs should be guided by responsibility and teamwork, not money. True entrepreneurs don't think of money first but only about their dream to start a company. Money is the final element.

大切にしている言葉

私のオフィスには、武侠小説家の金庸《きんよう》6の言葉が掛けてある。「周りの人の才能を大事にできるのが、偉大な指導者だ」という言葉だ。

――2008年9月4日 解放日報

6）浙江省出身の香港の作家、ジャーナリスト。武侠小説で中華圏で絶大な人気がある。代表作に『射鵰《しゃちょう》英雄伝』や『雪山飛狐《せつざんひこ》』などがある。

Hanging in my office as a reminder every day is a quote from martial arts novelist Jin Yong: "Great leaders know to treasure the talents around them."

ビル・ゲイツの名を借りて

1995年、私はインターネットというものが存在すると人々を説得しようと必死だった。だが、私の話を信じてくれる人は少なかった。インターネットが人々の生活にどれだけ大きな貢献をするか、彼らには分かっていなかったのだ。
その頃、私はインターネットは人々の生活のあらゆる側面に大きな影響を与えると信じていた。だが、ジャック・マーがいくらそう主張しても、誰も信じてくれなかった。

In 1995, I explained incessantly that the Internet existed, but not many people were willing to trust it. They couldn't see how this Internet could be a great contribution to the lives of people. I felt then that the Internet would impact all aspects of human life. But when Jack Ma said this, nobody would believe it.

そこで、私は言い方を変えて、インターネットは人々の生き方を変えるとビル・ゲイツが言っていると言うことにした。メディアはこれに飛びついた。本当は、それは私が言っていることだった。1995年には、ビル・ゲイツだって、それほどインターネットを信じてはいなかったと思う。あとになって、私はビル・ゲイツに会うたびに、何度も謝罪したよ。

――2008年10月25日　河南青年企業家フォーラム

So instead, I started to say that Bill Gates was claiming the Internet would change the way people live. The media picked up on this. But actually, it is what I was saying then. In 1995, even Bill Gates wasn't a believer in the Internet. Later, I apologized to Bill Gates for this a number of times when I met him.

欠点を補い、長所を伸ばす

私は特に才能に恵まれた人間ではありません。私の容貌、能力、教育、どれをとっても社会の最良からはほど遠い。しかし、私は人間の性質を理解しています。成功するためには、欠点をコントロールし、長所を積み上げていかなければなりません。私はそれを、チーム精神、そしてミッションを仲間とともに担うことによって、実現してきました。

――2008年10月28日 稲盛和夫（京セラ創業者）との対話

I am not the most talented person. My appearance, abilities, and education are far from society's best. But I understand human nature. You must control the negative and build up the positive to attain success. I try to do this through team spirit and shared missions.

私の最初の職業は教師でした。ですから、自分の10年以上にわたる企業経営の経験を人に伝えることができなかったら、無駄になってしまうと思うのです。人と共有できるものが多ければ多いほど、大切にして、宝にできるものが多いと思うのです。

――2008年10月28日 稲盛和夫との対話

My first occupation was teaching. If I can't now share my more than 10 years of entrepreneurial management experience with others, it'll be a waste. The more there is to share, the more to value and be treasured.

後悔するべきこと

失敗したという事実を後悔してばかりいて、失敗した理由を後悔しないなら、いつまでも後悔し続けることになるだろう。

――2008年 ジャック・マーの起業家精神に関する発言から

If you only regret the fact you failed but not the reasons for it, you'll always be in a state of regret.

お客が一番大切、従業員が二番、株主は三番。それが、アリババの絶対譲れない原則です。

――2009年9月10日 アリババ創立10周年 祝賀式典

We adhere always to placing the customer first, employees second, and shareholders third.

変わらず専念すること

私たちはずっとeコマースに専念し続けます。

10年前、私たちはeコマースに専念していた。

いまも、eコマースに専念している。

10年前、私たちは中小企業を大事にしていた。

これからも、中小企業を大事にしていく。

eコマースに専念し、中小企業を大事にしているからこそ、アリババは末永くやっていけるのです。


――2009年9月10日 アリババ創立10周年祝賀式典

Our concentration on e-commerce is persistent. Ten years ago, we concentrated on e-commerce, and we still concentrate on e-commerce. Ten years ago, we focused on medium and small companies, and we will still concentrate on medium and small companies. Because we concentrate on e-commerce and small and medium companies, we will operate for a long time.

新しい商業文化

世界は新しい商業文化を求めている。古い商業文化では、企業は自己中心的、利益至上主義であり、社会のためを考えてはいなかった。しかし21世紀のいま、企業は社会との関係、環境との関係、人類との関係、顧客との関係を考え直さなければならなくなっている。今日の企業は、21世紀の人々の生活をよりよいものにするために、透明性、共有し合うこと、責任、そしてグローバリズムを学ばなければならない。

——２００９年９月10日 アリババ創立10周年祝賀式典

The world is calling for a new commercial civilization. In the old commercial civilization, enterprises were self-centered and profit-centered instead of being society-centered. In the 21st century, enterprises should reconsider their relationship with society, the environment, humanity, and their clients. Today's enterprises must learn transparency, sharing, responsibility, and globalism to make for a better life in the 21st century.

社会の金

成功した企業のリーダーにとって、目標が金持ちになることだったら、いくらでも金持ちになれるだろう。だが、そんなにたくさんの金を持っていて、いったい何になる？　1億ドルもあったら、自分と自分の子どもたちにとってはすでに十分以上だろう。

For success ful business leaders, if their goal is to be rich, they can become very rich. But then what's the point of having all that money? When you have 100 million U.S. dollars, I think that's more than enough for you and your children.

純資産がある額を超えたら、それはもう自分の金ではない。社会の金だ。それは社会が与えてくれた金なんだから、正しい方法で配分する責任がある。私は2、3年前からそのことを考え始めた。ある朝、目が覚めて急に考えたんだ。「これから、どうしたらいいだろう？」って。

――2009年12月 Nature.org

Once your net worth exceeds a certain point, that's not your money anymore. It is society's money. It is the money society has given to you, and you should take responsibility to allocate the money in a good way. I started thinking about this issue just two, three years ago. One day I suddenly woke up and wondered, "What's next?"

中国人は、中国の環境保護のことを真剣に考えています。そのことは世界に対する最大の貢献になるでしょう。私にはアフリカのためにもっと何かできないか考える余裕があります。だが、ジャック・マーのような人間が何人いると思いますか?より大きな世界観を持てるほどの資産や機会を持つ中国人が、自分の国の外を見る余裕のある中国人が、いったい

The Chinese people really care about environmental protection in China. That will be their greatest contribution to the world. For me, I have the luxury to think about doing more for Africa. But how many people are like Jack Ma? How many Chinese people have the resources, the opportunity to develop a bigger world view, and have the luxury to see the outside world?

どれだけいるでしょう？

世界に対して責任を果たすことは立派なことですが、中国人はきっと、自分の周りの環境を大切にするためにもっと行動を起こす義務があると言うでしょう。

自分の面倒を見る気がないなら、あるいはできないなら、他人の面倒を見ることなどできるはずはないんです。

――2009年12月Nature.org

Obligation to the world is good, but I think the Chinese people will say they have an obligation to take more action to take care of their own environment. If you don't or can't care for yourself, I don't think you can care for others.

環境汚染は殺人と同じ

私がやりたいと思っているのは、人々の間で意識と自覚を目覚めさせることだ。みんながこれらの問題を真面目に考え、環境汚染は殺人と同じくらい悪いことだと思ってほしい。だって、結局のところは、環境汚染は殺人と同じなのだから。ビジネスも大事だ。だが、環境問題のために行動を起こすことも同じくらい重要だ。私は過激主義者ではない。ただ、自分たちのために、そして子どもたちのためによい

What we want to build up is consciousness and awareness among people. We want people to take these issues seriously so that they think polluting is just as bad as committing a murder. Because, ultimately, it is. Business is important, but it is just as important to take action on these environmental issues as well. I'm not an extremist. We're just taking a stand on what we believe is good for ourselves and our children.

と信じることを大切にする立場をとっているだけだ。
私は、環境を守る責任があると人に言われたから行動を起こすというのはよくないと思っている。私は「責任」という言葉が嫌いだ。私が行動を起こすのは、その行動を信じているからだ。それが私の考え方であり、哲学の一部でもある。

――2009年12月 Nature.org

And I don't want people to do it merely because they are told it is a responsibility. I hate the word "responsibility." I am taking action because this is something I believe in. It is a way of thinking and a part of my philosophy.

KPI

みんなと同じで、私もＫＰＩ[7]が大嫌いだ。ＫＰＩのことなど考えていると、自分たちの理想や目標が見えなくなってしまう。いろいろな意味で、疲れ切ってしまう。働くことへの興味、イノベーション、情熱もなくなってしまう。だから、みんなＫＰＩなど大嫌いなわけだが、それでも、ＫＰＩを無視してやっていくわけにもいかない。本当のところは、ＫＰＩ自体が問題なんじゃない。問題は、ＫＰＩを考案した人たち、実践している人たちなんだ。

ＫＰＩとは何か。ＫＰＩは仕事の目標の実現度

Same as everybody else, I hate KPI [key performance indicators]! It causes us to lose sight of our ideals and goals and exhausts us in several ways. It diminishes our working interest, innovation, and passion. So, we hate it, but we can't do without it! Really, the problem isn't KPI itself but rather the people who design and implement it.

合いを測る指標だ。KPIがなかったら、仕事の実績を評価する明確な指標がなくなってしまう。だからといって、私たちはKPIを通してのみよい仕事を完成できるという意味ではない。KPIとは、お医者さんに診てもらって、体温や血圧を測ってもらい、血液検査をしてもらうようなものだ。
そうすれば、病気ではないということははっきりするかもしれないが、だからといって、完全に健康だと証明できるわけでもない。

——２００９年 ジャック・マーの経営日記

7）キー・パフォーマンス・インディケーター。主要業績評価指標。

What is KPI ? KPI measures indicators in the realization of work targets. Without it, we lack specific indicators for evaluating work performance. It doesn't mean, however, that only through KPI can we complete good work. KPI is like going to the doctor where he takes your temperature, blood pressure, and blood for analysis. While it might prove you're not sick, it doesn't absolutely prove that you're healthy either.

社会が支援するべきこと

一昨日、シンガポールの友人たちと食事をしたら、こんな話をしていました。

「シンガポールの政府は国民にもっと子どもを生めと奨励しているんですよ。高齢化が進んで、子どもの数が足りないというんですね」

それを聞いて、こんなことを考えました。

どの国も、もっと中小企業が増えるように、もっと希望が増えるように、インセンティブを用意する必要がある。どんな大きな会社も、最初は小さな会社だったんですから。そういう希望がなかったら、もっと「赤ちゃん」を生みたくなるようなインセンティブがなかったら、私たちは死んでしまいます。

Two days ago, I had a dinner with my Singapore friends and they said, "Our government is encouraging us to have more babies because people are aging and there aren't enough kids." Every country, every nation, needs an incentive package to have more small- and medium-sized companies, to have more hopes. Every big company comes from a small business. Without this kind of hope, without this incentive to have more "babies," we're going to die.

どうして私がいつもこんなにワクワクしているかって？　赤ちゃんが8人いるからです。これまでの15年間で私は8つの会社を立ち上げました。7社はとても元気に育っています。1社は売却しましたが。この赤ちゃんたち、アリババ、淘宝《タオバオ》、アリペイ（支付宝）などを見ていると、本当にワクワクします。そうそう、つい2か月前に、もう1人の赤ちゃんが生まれました。アリクラウド（阿里雲計算）という名前です。彼らは希望を与えてくれます。私には分かっているからです。「このベビーは私を変える。このベビーは世界を変える」と。

——2009年APEC中小企業グローバル・サミット

Why do I always feel excited? I have eight babies. In the past 15 years, I have built up eight companies. Seven of them are very healthy, and one of them—I sold it. When I look at my babies, Alibaba, Taobao, Alipay, and all the other companies—AliCloud, we just had a new baby two months ago—I always feel excited because you see the hope, and you know, "This baby is going to change me. This baby is going to change the world."

中小企業の会合にあるもの

私は中小企業の会合に来ると、いつもわくわくする。中小企業の会合では、あなた方の目の中に夢が、情熱が、希望が見えるからだ。
だがフォーチュン５００[8]企業の会合で見えるものは、数字、収入、ＫＰＩ、それに激しい競争だけだ。

――２００９年　ＡＰＥＣ中小企業グローバル・サミット

8）フォーチュン誌が年１回発行するリストの１つで、全米上位５００社がその総収入に基づきランキングされる。

When I come to the SMEs [small- and medium-sized businesses], I always feel excited. Because when I join the SME conference I see from your eyes the dreams, the passion, the hope. When I join the Fortune 500 conference, I see the numbers, I see the revenues, I see the KPIs, I see the bloody competition.

投資家は伯父さん

1999年、融資の最初の日に私は株主たちに言いました。アリババの投資家は私たちの伯父さんたちです、と。お客さんは両親です。「伯父さんたち」とはずっとうまくやってきたので、株主総会にかかる時間はどんどん短くなって、楽しいものになっています。

——2010年10月12日 中国コンピュータ大会

In 1999, I told shareholders on the first day of financing that Alibaba's investors were our uncles. Clients are our parents. Since I get along so well with my "uncles," shareholders' meetings now run shorter than ever and are fun.

アリペイ（支付宝）を思いついたきっかけ

アリペイ（支付宝）はいまでは成功しているように見えるかもしれないが、最初は必死でアイデアを考えなければならなかった。その頃、淘宝《タオバオ》での取引には困難があった。安全な支払いシステムがまだできていなかったからだ。

中国国内の大手銀行は参加を渋ったので、シティグループやHSBCなどの外国銀行に話を持ちかけた。

While Alipay now seems very successful, we were forced to come up with the idea for it. Back then, transactions on Taobao were difficult because we hadn't solved the problem of secure payment. Our big domestic banks didn't want to get involved, so we turned to foreign ones such as Citigroup and HSBC.

その年のある会議の席で、１人の重役がこうアドバイスしてくれた。

「未来のために、どういうイノベーションをし、どういう決断をするんですか？　それがあなたのミッションでしょう？」

その時に、私たちはアリペイ（支付宝）のアイデアを思いついた。クリーンで透明性の高い支払いシステムで、毎四半期に必ず当局に報告をしている。


――２０１１年３月31日　浙商網（Zheshang Online）

At a meeting that year, one executive advised, “How do you innovate and make decisions for your future? That’s your mission.” That’s when we came up with Alipay. We do it cleanly and transparently, reporting to the relevant departments every quarter.

アリババの社員になるということ

アリババの社員になったからといって、どんどん昇進して、金持ちになれるなどと約束するつもりはない。約束できるのは、君たちが私たちと困難を分かち合い、ともに落ち込み、苦しむだろうということだけだ。

入社してまだ1年に満たない諸君は、お願いだから、アリババ戦略開発提案書なんぞを書いて持ってこないでくれ。

偉そうなことを言いたいなら、口を開くより、出口のドアを開けて出ていってもらいたい。

We never promise that as Alibaba employees you'll enjoy nonstop promotions and share in lots of wealth. We do promise, however, that you'll have a steady share of our difficulties, depression, and pain. If you've been with us less than a year, please spare us Alibaba strategy reports and development plans. Better you should open an exit door on your way out than your mouth.

だが、3年以上いる社員が会社を成長させるために提案したいことがあるなら、私は喜んで意見を聞く。そして、アリババをもっとよくしようという君たちの気持ちに感謝する。

忘れないでくれ。アリババが君たちに給料を払うのは、君たち個人のキャリアの発展のためではない。お客様が利益を上げるのを助けてあげる仕事に対して、給料を払っているのだ。私たちの成長は顧客の成長によって実現するのだ。

――2011年8月27日 社員へのメール

However, if you've been here at least three years, I'm all ears, happy to hear your suggestions for our growth, and grateful for your intention to make us better. Remember, Alibaba doesn't pay you for your own personal development but for helping our customers in their growth. We develop ourselves through our customers.

アリババが負けるとすれば

淘宝《タオバオ》を打ち負かすとか、アリババに勝つとか言い出す企業が出てくるかもしれない。そうだったら、大したものだが、結局のところ、私たちが負けるようなことがあれば、それは自分たちの頑固さに負ける時だろう。

――2011年9月10日 杭州 第8回 eビジネスマン大会

Some will say they want to beat Taobao or defeat Alibaba. It sounds great, but really, only our own stubbornness can defeat us.

2012-2015

使命

ニューヨーク株式市場に
市場最大の規模で上場するなど、
大躍進したアリババグループ。
世界の大富豪に仲間入りしたマーは、
事業拡大の一方で、
地球規模の気候変動や
雇用創出のために動き始める。

TIMELINE ジャック・マーの歩み PART 4

2012
社会的大義のためのアリババ基金を創設。
アリババ集団はヤフーからの株式再取得の準備を完了、ヤフーとの関係を再構成する。

2013
ジャック・マー、アリババ集団CEOの地位から退くと社員に発表。陸兆禧《ルーチャオシー》（ジョナサン・ルー）がCEOに就任。マーは会長職に留まる。

2014
ジャック・マーとアリババ集団の共同設立者の蔡崇信《ツァイチョンシン》（ジョー・ツァイ）が、個人公益信託基金の設立を宣言。基金は2人が所有するアリババのストックオプションから拠出される。

アリババ、ニューヨーク証券取引所に上場、公開価格は68ドル。調達額は218億ドルに達し、史上最大の新規株式公開（IPO）となった。

アリババ集団の時価総額は2383・32億ドルに達する。マーの純資産は212・12億ドルとなり、世界の大富豪の1人となる。

アリババ集団、優酷土豆（Youku Tudou）の多数の株式を取得。Youkuは中国国内で運営されているYou Tubeに似た動画配信サイト。

アリババ集団が、医薬品、健康製品、医療サービス専門のeコマース・プラットフォームであるアリヘルスを立ち上げる。

アリババ集団、1920億ドルで、広州恒大サッカークラブの株式50%を取得。

ジャック・マー、アジア協会（米国）のアジア・ゲーム・チェンジャー賞を受賞。

アリババ、「独身の日」に143億2000万ドルの売り上げを記録。前年から60%の増加。

アリババ、インドの「ワン97コミュニケーションズ」の株式の25%を取得して、インドのeコマース業界に進出。

アリババ、2億6600万ドルで、サウス・チャイナ・モーニング・ポスト紙とその資産を買収。

危機的な思考法

君たちが自分に問いかけてみなければならない疑問はこうだ。

「(投資家のお金ではなく)自社の貯えを使って価格競争をしかけるとしたら、みんなから支持してもらえるだろうか?」

ほとんどの企業が必要としているのは、資本とテクノロジーというよりはむしろ、そのような危機的な思考法だ。誰のために戦っているのか、なぜ戦っているのか、どのように戦うべきかを常に考えなくてはならな

The question you must ask is: "If we fund a competitive price war with our own savings (not our investors' money) will we have full support?" The need in most companies is not so much capital and technology as it is critical thinking. Always ask who are you fighting for, why you are fighting, and how you'll fight.

い。その上で、最悪に備えることだ。私たちは消費者の権利と製造業者の利益を最大限に守らなければならない。それが、成功への鍵となる原則だ。

自分の「名誉」のための価格競争で、投資家の金を使い、製造業者を人質にし、消費者をだますようなことをしたら、結局そのコストはものすごく高くつくだろう。

——2012年8月27日 アリババ社員に向けた社内スピーチ

Then prepare for the worst. We must protect both the consumer's rights and the manufacturer's interests to the max. This is the key principle to success. If a price war for your "honor" uses investors' money to hold manufacturers hostage and deceive consumers, the cost is too high.

政府と結婚するな

政府からは1銭ももらったことがない。

中国の銀行からも、1銭も借りたことがない。

だから、私たちは完全に独立しているのです。

私は部下たちにもいつもこう言っています。絶対に、政府とビジネスをしてはいけない、と。

愛するのはいい。でも結婚はするな、と。

だから、政府のためのプロジェクトをやったことはありません。

I've never gotten one cent from the government. I've never gotten one cent from Chinese banks. So I am very independent. I had a very strict talk with my team: Never, ever do business with the government. Love them. Don't marry them. So we never do projects for the government.

もし政府の人たちが来て、「ジャック、この件で助けてくれないか」と言ったら、私はこう言う。「いいですよ。その仕事に興味のある友達を紹介しましょう」

あるいは、こう言うかもしれない。「私にやってほしいというなら、無料でやりましょう。だけど次は私のところには来ないでください」

ずっとそうしてきたので、政府とはとてもいい恋愛関係が続いています。

――２０１４年９月28日 番組「60ミニッツ」

If they come to us and say, "Jack, can you help us with this?" [I say] good—I will introduce friends to you who are interested in doing that. Or, if you want me to do it, I do it free for you, just next time, don't come to me again. Because of that, we keep a very good love-relationship with the government.

独身の日

11月11日の「独身の日」は、単なるオンライン・セールの日ではありません。製造業者やビジネス界の人々が消費者と交流する日なんです。消費者にとっては、毎年のイノベーション、新製品、新しいトレンドを知ることのできる日です。（中略）中国だけでなく、フィリピン、ケニアなどのアフリカ諸国、アルゼンチンの製品もあるんです。それを知ったら、アメリカの人たちにも「独身の日」のユニークさが分かると思います。

――２０１４年11月11日番組「スクワーク・オン・ザ・ストリート」

[Singles Day] is not purely an online sales day. It is a day that the manufacturer, the business guys, communicate with the consumers. Consumers, it's the way they know the innovation, the new products, the new trends every year. . . . I think the American people, if they know that there will be products not only from China but also products from the Philippines, Kenya and Africa, Argentina, and all these nations, it will be unique.

私はテクノロジーは得意ではありません。私は高校の教師になるための教育を受けた人間です。考えてみれば、おかしな話です。私は中国最大の、もしかしたら世界最大のｅコマース企業の１つを経営しています。それなのに、コンピュータのことは何も知らないんですから。コンピュータで私ができることは、メールの送受信と、それにブラウジングすることだけです。

――２０１４年 アジア協会 アジア・ゲーム・チェンジャー賞授賞式

I'm not good at technology. I was trained to be a high school teacher. It's a funny thing. I'm running one of the biggest e-commerce companies in China, maybe in the world, but I know nothing about computers. All I know about computers is how to send and receive email and browse.

独学の英語

私は12歳の時に独学で英語の勉強を始めました。どういう理由だったか、自分でも分かりません。ただ、英語という言語に惚れこんでしまったのです。
毎朝5時、自転車を40分こいで、杭州大酒店というホテルに向かいました。外国人の観光客を見つけて、英語を教えてもらうためです。杭州の街を案内してあげて、英語を教えてもらいました。

――2014年 アジア協会 アジア・ゲーム・チェンジャー賞授賞式

I learned my English by myself when I was 12 years old, for whatever reason, I don't know—I just fell in love with the language. Every morning at five o'clock I rode a bicycle 40 minutes to the Hangzhou Hotel looking for foreign tourists to teach me English. I would show them around the city, and they would teach me English.

私が働いてきたこれまでの15年間、自分のことを「盲目の虎の背に乗った盲目の男」と呼んできました。馬に乗ったエキスパートたちは、みな失敗しました。私たちは生き延びましたが、それは将来を心配していたからです。私たちは未来を信じていました。私たちは、自分たちを変えたのです。

――２０１４年 アジア協会 アジア・ゲーム・チェンジャー賞授賞式

In the past 15 years that I've been working, I've called myself "a blind man riding on the back of a blind tiger." Those experts riding horses, they all fell. We survived because we worried about the future. We believed in the future. We changed ourselves.

教師の性分

教師というものは、常に未来を信じています。知識が人々の人生を変えると信じています。自分の生徒たちはきっと自分よりよい人間になると信じ、希望を持っています。教師にとって、生徒こそが最高の賞です。現在の私の職業は教師ではなく、CEOですが、自分の学校の「チーフ・エデュケーション・オフィサー」だと思っています。

――2014年 アジア協会 アジア・ゲーム・チェンジャー賞授賞式

As a teacher, you always believe in the future. You believe knowledge will change people's lives. You believe and you hope that your students are better than you are. Students are the best prize. Today I'm not a teacher, but I call CEO the "chief education officer" of my school.

「アリババ」は、世界のほとんどの言語でも簡単に発音できます。だから、いろいろな人たちが私たちのウェブサイトの名前を受け入れ、使ってみようという気になります。

――2015年1月23日 世界経済フォーラム

"Alibaba" is easy to pronounce in almost all the languages of the world. This makes it easy for all potential customers to accept and use our website name.

太極拳の哲学

私は太極拳が大好きです。太極拳は哲学です。陰と陽についての哲学であり、どうやったらバランスがとれるかを教えてくれます……。私は太極拳をビジネスに応用しています。心を静めれば、必ず出口は見つかります。そして、自分のバランスを保つことです。競争は楽しみです。ビジネスはあなたと私のどちらが死んで、どちらが生き残るかという戦場ではありません。ビジネスでは、あなたが死んだって、私が勝てるとはかぎりません。

――2015年1月23日　世界経済フォーラム

I love tai chi. Tai chi is a philosophy. [It's] about yin and yang. Tai chi is about how you balance . . . I use tai chi philosophy in business: calm down, there is always a way out, and keep yourself balanced. Competition is fun. Business is not like a battlefield where you die and I win. In business, even if you die, I may not win.

中国の向かう先

中国が9％の経済成長を維持していったとすれば、それは何かが間違っている。私たちはもう、青空を見ることはないだろう。品質の高さは実現されないだろう。中国は経済の質に注意を払わなければならない。（中略）それは、人間の成長のようなものだと思う。人間の体は成長し続けることはできない。いつか、ある時点で、体の成長は遅くなる。そうなった時は、心を成長させるべきだ。文化を成長させ、価値を成長させ、知恵を成長させる。中国はそういう方向に向かっていると私は考えている。

――２０１５年１月23日 世界経済フォーラム

If China [keeps its] 9 percent growth of the economy, there must be something wrong. You will never see the blue sky. You will never see the quality. China should pay attention to the quality of the economy. . . . I think [it's] just like a human grows. This body can never [keep growing]. [At a] certain time, the growth of the body will slow. [Instead, you] should grow your mind, grow your culture, grow your value, grow your wisdom. I think China is moving to that direction.

世界を変えるより大事なこと

ずっと昔、私は世界を変えたいと思っていました。いまでは、世界を変えたければ、まず自分を変えなければならないと思っています。自分を変えることは、世界を変えることより、もっと重要なことだし、もっと簡単なことです。それから、私は世界をいまよりちょっぴりよくしたいと思っています。世界を変える——それはたぶん、オバマさんの仕事でしょう。

——2015年1月23日 世界経済フォーラム

Many years ago, I wanted to change the world. Now I think if we want to change the world we must change ourselves. Changing ourselves is more important and easier than changing the world. Second, I want to improve the world. Changing the world—maybe that's Obama's job.

アリババ最初の週

最初の週、社員を7人雇っていました。私たちは自分たちで買ったり、売ったたりしました。次の週になると、誰かが私たちのサイトで物を売り始めました。私たちは彼らが売る物をすべて買いました。

いりもしない物を買いまくって、2つの部屋がいっぱいになった。ゴミだらけです。

最初の2週間はそんなふうでした。私たちのサイトでちゃんと物を売ることができると知ってもらうために、そうしていたんです。

――2015年6月9日 ニューヨーク経済クラブ

First week, we have seven employees. We buy and sell, ourselves. The second week, somebody started to sell on our website. We bought everything they sell. We had two rooms full of things we bought for no use, all garbage, for the first two weeks—in order to tell people that it works.

102年の野望

私たちはアリババを102年間、存続させたいと思っています。どうして102年なのかって？　アリババは1999年に生まれました。20世紀の最後の1年です。この21世紀は100年あります。次の22世紀にも1年です。102年続けられれば、3世紀にまたがることになります。

2015年6月9日　ニューヨーク経済クラブ

We want to make the company last for 102 years. And people are curious: Why 102 years? Because Alibaba was born in 1999—last year we had one year, this century we have 100 years, next century, one year. With 102, we'll cross three centuries.

ｅコマースはアメリカではデザートのようなものです。メインのビジネスを補完するものでしかない。だが中国では、ｅコマースはメインコースになっています。

――２０１５年６月９日 ニューヨーク経済クラブ

E-commerce in the US is a dessert. It's complementary to the main business. But in China, it becomes the main course.

世界を変えるのは

大切なのはお金ではない、夢なのです。世界を変えるのはテクノロジーだけではない。世界を変えるはずだとあなたが信じる、その夢こそが、世界を変えるのです。

――2015年6月9日 ニューヨーク経済クラブ

It's not about the money, it's about the dreams. It's not only about the technology that will change the world. It's about the dreams you believe that change the world.

嘘じゃない

ある日、1996年になってからのことですが、中国もインターネットにつながりました。

(中略)私は10人の友人を自分のアパートに招き、彼らにこう言いました。

「嘘を言ってるんじゃないよ。インターネットっていう名前のネットワークがあるんだ」

私たちは3時間半待って、やっと1枚目の写真をダウンロードしました。

So one day, later in 1996, China was connected to the Internet. . . . I invited 10 media friends to my apartment. I wanted to tell them, "I'm not telling a lie, there is a network called Internet." We waited three hours and a half to download the first picture.

すると、みんながこう言いました。「これ、ほんとにうまくいくの？」私は言いました。「うん、必ずうまくいく。でも、いますぐじゃない。10年後にはうまくいくはずだ」とにかく、少なくとも、その時嘘を言っていたわけではないということを私は証明できたわけです。

――２０１５年６月９日 ニューヨーク経済クラブ

And people said, "Is that thing going to work?" And I said, "Yeah, it'll work, but not today. In 10 years, it'll work." But at least it proved I was not telling a lie.

中国経済のこれから

アメリカ人から見れば、アマゾンは唯一のeコマースのモデルでしょう。しかし、私たちにとっては違います。
(中略)私たちは、eBayも、アマゾンも、大いに尊重していますが、私たちのチャンス、私たちの戦略は、アメリカの小さな会社が中国に進出して、製品を売るのを助けることにあります。

From the American point of view, Amazon probably is the only business model for e-commerce, but no, we are different. . . . We show great respect for eBay and Amazon, but I think the opportunity and the strategy for us is helping small business in America go to China, sell their products in China. . . .

（中略）中国はこれまでの20年、輸出に力を入れてきました。だが、これからの10年、20年は輸入に力を入れるべきだと思っています。中国は買うことを学ばなければならない。お金を使うべきなのです。世界中からたくさんの物を買うべきなのです。アメリカのブランドの製品を売りたいアメリカの小企業は、インターネットを使って、中国に進出するべきです。

――2015年6月9日 ニューヨーク経済クラブ

China has been focused on exporting for the past 20 years, and I think in the next 10 to 20 years China should be focusing on importing. China should learn to buy, China should spend the money, China should buy a lot of its things globally. And I think that American small business [selling] American-branded products should use the Internet and go to China.

次の世界大戦

第三次世界大戦が起きるでしょう。国と国の戦争ではありません。この次の世界大戦では、私たちは協力して、病気や貧困、気候変動と闘うのです。私はそれこそが私たちの未来だと信じています。人類は、そして国々は、団結しなければなりません。

――２０１５年６月９日 ニューヨーク経済クラブ

The third world war is going to happen, and this war is not between nations. In this war, we work together against the disease, the poverty, the climate change—and I believe this is our future. That human beings, that nations, should unite together.

私たちは世界最大のｅコマースビジネスをやっていますが、ｅコマース企業ではありません。アリババはｅＢａｙとは違います。私たちは売ったり買ったりしません。ほかの人たちがｅコマース企業になれるように助けているのです。ほかの企業がｅコマース・ビジネスをできるようにしているんです。そこが、私たちとアマゾンとの違いです。私たちは、どんな企業でもアマゾンになるべきだと信じています。アマゾンはウェブサイトを持ってはいますが、やっていることは古いビジネスです。

――２０１５年９月24日　スタンフォード大学ビジネススクール

We are not an e-commerce company, although we have the largest e-commerce business in the world. We're not eBay. We do not buy and sell. We help people become an e-commerce company. We enable other companies to do e-commerce. This is the difference between us and Amazon. We believe every company should be an Amazon. Amazon is a traditional business that happens to have a website.

ジェリー・ヤンと飲んだ日本酒

彼(ジェリー・ヤン)[9]が「電話をくれ」というから、電話をしました。そうしたら、「今晩ちょっと来てくれないか。1杯飲もう。最後にもう一度だけ話をしたい」って言うんだ。だから「OK」って言って、小さな日本料理のレストランに連れていかれ、大きなグラスで日本酒を飲まされた。2人で飲んで、彼はヤフーがどんなに素晴らしい会社かって、説得を続けた。飲み終わってから、こう言った。「OK、話を進めようね」それは私の人生で一番高い日本酒だったよ。それ以来、日本酒には気をつけるようにしているんだ。

――2015年9月24日 スタンフォード・ビジネス大学院

He [Jerry Yang] said, "Call me." He said, "Jack, can you come and tonight we have our drink? For a final effort." And then I said, "Ok." So he took me to small, tiny Japanese restaurant and bought me big glass of sake. And we drank and [he] tried to convince me how wonderful Yahoo! is. And after drinking we said, "Ok, let's keep on talking." [That was] the most expensive sake I've ever had in my life. Now, I'm pretty sensitive about sake.

9) ヤフーの共同創業者の1人。

10億ドルの意味

10億ドル持っていても、忘れてはいけない。それはあなたのお金ではない。そのお金は、あなたに対する人々の期待なのです。人々はあなたに自分の希望を託している。あなたがほかの人たちよりもよく、そのお金を、その資源を管理できると信じているからだ。それを自分のお金だと思ってしまったら、必ずまずいことになる。

――2015年9月24日 スタンフォード大学ビジネス大学院

But when you have $1 billion, remember: That is not your money. That is the people's expectation of you. People put their hope on you, because people believe you can manage this money, resources, better than the others. If you think this is your money, you will be in trouble.

よいお金の使い方

お金を使うことは、お金を儲けることより難しい。特に、慈善活動のためにお金を使うことは難しい。あなたがよい心の持ち主なら、同時に、よい知識を持ち、よいお金の使い方を知っている必要がある。そうでないと、よい心で、よいことを、ひどいやり方ですることになってしまう。

——2015年9月24日 スタンフォード大学ビジネス大学院

Spending money is more difficult than making money. Especially for philanthropy. When you have a good heart, you should also have good knowledge and good capability to spend the money, otherwise you are doing good thing with good heart with a terrible way.

貯金好きな中国人

あなた方アメリカ人は、明日の金を使うのが好きだ。それに多分、他人の金を使うのも。我々中国人は、金を貯めるのが好きだ。私たちは多分、全世界で最大の安全金庫だ。これまでずっと長い間、貧乏だったからだ。金ができたら、私たちは銀行に貯金する。いつか、大災害が起きるかもしれないと分かっているからだ。その時に、その金を使えるようにしておく。だから、景気が悪くなっても、私たちには使えるお金がある。あなた方アメリカ人はそうではないかもしれない。

――２０１５年９月29日　２０１５クリントン・グローバル・イニシアティブ

You Americans love to spend tomorrow's money. And other people's money, maybe. We Chinese love to save money. We are probably the largest safe deposit in the whole world. 'Cause we've been poor for so many years. When we made money, we put it in the banks, because someday we know that disaster is coming, and we can spend the money [then]. So when the economy is bad, we still have the money to spend. You guys probably don't.

中国の問題に向き合う

今日の中国は公害という問題を抱えている。大気汚染、食の問題、水質汚染などだ。将来、きっと多くの健康被害が出てくるだろう。私たちはこの問題を解決するために、テクノロジーを使い、ノウハウを使うことができるはずだ。だからこそいま、そのために投資しなくてはならない。10年後に、中国がその問題に直面する時に備えるために。

――2015年11月11日『ブルームバーグ・マーケッツ』誌

China today, because of the pollution—of the air, of the food, of the water—we're going to have a lot of health problems. We can use our technology, our know-how to solve the problem. That's why we have to invest money today—to get ready for 10 years from now, when China has problems.

いまの世界を見てごらんなさい。特に、中国を見てごらんなさい。お金持ちもハッピーじゃない。貧乏人もハッピーじゃない。政府の役人たちもハッピーじゃない。(中略)私は中国の人々にデジタル製品の幸せを楽しんでほしい。映画や演劇、テレビ番組など、若い人たちが自分の生活を楽しみ、将来について楽観的になれるような、すべてのデジタル・コンテンツを楽しんでほしいのだ。

――2015年11月11日『ブルームバーグ・マーケッツ』誌

Look at the world today. Especially China. The rich people aren't happy. The poor people aren't happy. The government officers are not happy. . . . I want people in China to enjoy the happiness of digital products—the movies, the theaters, the TV programs—all the digital content that makes the young people enjoy their lives, to be optimistic about the future.

リンゴとリンゴの木

私たちはアマゾンと競争しているわけではない。（中略）アマゾンとはまったく異なるビジネス・モデルだからだ。アマゾンは物を買い、売る。だが、アリババはプラットフォームだ。（中略）私たちは、1つ1つの会社がアマゾンになれると信じている。アマゾンが大きなリンゴだとすれば、アリババはリンゴの木だ。私たちはすべての会社がeコマース企業になれるように手を貸したいと思っている。たくさんの人々にアマゾンのように大成功してほしいと思っている。

――2015年11月11日『ブルームバーグ・マーケッツ』誌

We are not competing with Amazon. . . . We have a pretty different model. They buy and sell. Alibaba is a platform. . . . We believe every company can be an Amazon. We think if Amazon is a great apple, Alibaba is the apple tree. We want to enable every company to be an e-commerce company. We want a lot of people to be as successful as Amazon.

貿易は自由です。貿易は人権です。貿易は、他国に敵対するツールとして使ってはならないものです。

――２０１５年11月18日　ＡＰＥＣ　ＣＥＯサミットにおけるバラク・オバマ元大統領との会話

Trade is a freedom. Trade is a human right. Trade should not be used as a tool against other nations.

一緒に解決する

「いったい誰のせいだ？」と文句を言っても、もう手遅れです。（気候変動が）あなたのせいであっても、私のせいであっても、とにかく一緒に問題を解決しましょう。

2015年11月18日 APEC CEOサミットにおけるバラク・オバマ元大統領との会話

It's too late to complain, "Whose fault?" Whether [climate change is] your fault or my fault, let's solve the problem together.

PART 5

旅立ち

2016-2018

アジア企業として史上最大の
時価総額を記録し、
トランプ前米大統領と対談するなど、
最高潮に達したアリババとマーの影響力。
そんな中、マーはアリババグループ
会長からの引退を発表。
1人の教師として、人生を通して
叶えたい次の夢へと動き出す。

ジャック・マーの歩み　PART 5

2016

ジャック・マー、グローバルなインターネット貿易促進のための民間イニシアティブ、世界電子貿易プラットフォーム（eWTP）の構想を初めて発表する。

アリババ、東南アジアのeコマース・プラットフォーム、ラザダ（Lazada）の支配的な数の株式の取得に同意。

マー、新エネルギー開発のためのビル・ゲイツのファンド、ブレイクスルー・エナジー・ベンチャーズの取締役に就任。

2017

マー、ドナルド・トランプ前米大統領と対談。今後5年間で米国に100万人の雇用を生み出すにはどうすべきか話し合う。

アリババ集団、トロントで開催した「ゲートウェイ'17」協議会で、中国に物を売り、カナダ、アメリカの雇用を増やすにはどうすべきか、農家や企業を対象に研修を行う。

5月、アリババは時価総額3000億ドルを超え、7月にはアジアの企業としては初めて時価総額4000億ドルを突破する。

マー、フォーブス誌の2017年「世界で最も偉大なリーダー」ランキングの2位に選ばれる。

アリババ集団、教育、女性の地位の向上、環境保護のための慈善基金「アリババ脱貧基金」を設立。

マー、アフリカの起業家を対象とする1000万ドル投資ファンドのネトルプルヌール（ネット起業家）賞を設立。

9月、マーは1年後に現CEOのダニエル・チャンを後継者とし、アリババ集団の会長の地位から退くと発表。

中国の新華社通信のインタビューで、アメリカに100万人の雇用を生み出す計画から撤退すると発言。米中間の貿易問題の深刻化で不可能になったと説明した。

10月、ISO（国際標準化機構）とIEC（国際電気標準会議）の合同委員会の情報セキュリティー標準化副委員会「ISO／IEC　JTC1／SC27」が、アリババ率いるビッグ・データのセキュリティーとプライバシーの国際標準化プロジェクトを正式に認可。これにより、アリババのデータ・セキュリティーの技術と管理は、データ・セキュリティー管理の国際標準となることが期待されている。

2H戦略

未来のテクノロジーは、楽しくなければならない。アリババは未来のために、２H戦略を進めている。２Hとは、幸福（ハピネス）と健康（ヘルス）のことだ。テクノロジーの到来で人々がもっとハッピーに、健康になれないのであれば、テクノロジーなど意味がない。

――２０１６年４月21日『サウス・チャイナ・モーニング・ポスト』紙

In the future, technology has to be fun. Alibaba has the 2H strategy for our future: happiness and health. If the advent of technology cannot make people happier and healthier, there is no point doing it.

中国は環境の悪化や、貧富の差の拡大など、多くの差し迫った問題に直面している。成長モデルを変えることができなければ、大変なことになる。経済成長率をスローダウンしなければ、経済成長のモデルを変更することはできない。小さなボートが進路を変えるのは簡単だ。だが、世界第2の経済大国になった中国はもはや、巨大な外洋船なのだ。減速せずに転覆するか、スローダウンして進路を変えるか、どちらかを選ばなければならなくなっている。

――2016年4月21日『サウス・チャイナ・モーニング・ポスト』紙

China is facing pressing issues such as a deteriorating environment and a widening wealth gap. If we cannot change our growth model, we could run into trouble. But only with a slower growth rate can China's economy change its course. It is easy for a small boat to change its course. But as the world's second-largest economy, China is like an ocean liner. We have to choose either to not slow down and overturn the ship, or slowing a bit to make the turn.

西洋文化は知識に重きを置いている。欲深いまでに知識を求める。知識を獲得すれば、もっと利口になり、より多くの物的な財を創り出し、手に入れることができる。東洋の文化は知恵に重きを置いている。自分の本質とは何か理解し、不必要なものから自分を解放することが大切だと考える。

――２０１６年４月21日『サウス・チャイナ・モーニング・ポスト』紙

Western culture is more knowledgefocused. It is inquisitive and acquisitive. Acquiring knowledge makes you smarter and makes you more capable of creating and acquiring material goods. Eastern culture is more wisdom-focused. The stress is on understanding what your essence is and to unburden yourself from the non-essentials.

私たちは単に売買の商取引をオフラインからオンラインに変えようとしているわけではありません。利益を少しでも多くしぼり出すために、既存のデジタル・マーケティングのモデルを変えようとしているわけでもありません。私たちは、商業の未来のために、マーケットプレイス、支払い、物流、クラウド・コンピューティング、ビッグ・データ、その他の分野を含む、基本的なデジタル・インフラと物的なインフラを構築したいと思っているのです。

――２０１６年10月13日　株主への手紙

We are not merely trying to shift buy/sell transactions from offline to online, nor are we changing conventional digital marketing models to squeeze out a little additional profit. We are working to create the fundamental digital and physical infrastructure for the future of commerce, which includes marketplaces, payments, logistics, cloud computing, big data and a host of other fields.

アメリカとの関係

21世紀になったいま、中国とアメリカが健全で前向きな関係であることは非常に重要だ。世界第一、第二の経済大国が協力し合えば、貧困、病気、環境など、多くの問題を解決できるはずだ。だが、もし協力し合えなければ、待っているのは破滅だ。

――２０１６年11月14日　ＣＮＮ

I think a healthy and positive China-US relationship is so critical, especially this century. Number one, number two economy in the world, if they're working together, they can solve a lot of problems: poverty, disease, environment. But if they don't work [together], it's going to be disaster.

グローバル化とは、世界中で起きていることを大切に考えることだ。グローバルな視野を持たなくてはならない。アフリカの小さな国で起きている問題だって、あなたに影響を及ぼす。成功したいなら、そういう考え方をしなければならない。

――２０１６年12月２日『サウス・チャイナ・モーニング・ポスト』紙
中国会議

Globalization means caring about what's happening in the entire world. You have to have a global horizon. Even the problems in a small African country can affect you. You need to have that mind-set to succeed.

伝道者

私はセールスマンではない。伝道者だ。未来を信じているのが伝道者というものだ。エンジニアはテクノロジーを信じている。そして私は、テクノロジーは未来のためにあると信じている。

——2017年6月8日 アリババ投資家の日

I'm not a salesman, I'm an evangelist. And I want to say that evangelists believe in the future. Engineers believe in technology. And I believe technology is for the future.

最初の技術革命によって、「工場」と呼ばれるビジネスモデルが生まれた。2番目の技術革命では、「企業」と呼ばれるビジネスモデルが生まれた。(中略)それでは、この21世紀の最良のビジネスモデルとはなんだろう。私たちは、それは「プラットフォーム化されたビジネス」とでも呼ぶべきものだと思っている。(中略)15年前、私たちは会社を普通のウェブサイトから……プラットフォームへと動かし始めた。

——2017年6月8日 アリババ投資家の日

The first technology revolution had the business model called a factory. The second technology revolution, there was a business model called "company." . . . What will be the best business model for this century? We think [it] is something called like a platformed business. . . . Fifteen years ago we start to move our company from a normal . . . website to a platform.

人間にしかないもの

機械は知識に優れている。だが、人間は知恵に優れている。

2017年6月21日 CNBC

Machine is good [at] knowledge, but human beings are good at wisdom.

トランプは中小企業の輸出を重要視している。私たちは、アメリカの小企業が中国へ輸出するのを、アジアやほかの国々にも物を売るのを、助けることができるはずだ。私たちがそれを証明できたら、きっとトランプも変わるんじゃないだろうか。

――2017年6月23日『サウス・チャイナ・モーニング・ポスト』紙

Trump very much cares about the small- and medium-sized company exporting. My thinking is that if we prove that we can achieve something by helping American small businesses export to China and helping small businesses sell things to Asia and to other countries, he will change.

アリババを始めた理由

私が生徒たちに教えていたことはすべて、本から学んだことでした。だから教壇を離れて、自分で実際に何かを作り上げ、それから教壇に戻れば、もっとよい教師になれると思ったのです。それがもともとの考えでした。別に金持ちになりたかったわけではありません。

——2017年7月20日 ナイロビ大学

Everything I taught my students are the things I learned from books. So if I go and build up something and then go back, I can be a better teacher. This is my original thinking. I never thought I would be rich.

eBayと競争していた時は……ほかの人たちやほかの企業から、学べることがたくさんあった。だがいまでは、自分たちがやっていることから、学べることはまったくない。

――2017年9月14日 ブルームバーグ

When we competed with eBay . . . there are a lot of things we can learn from the other guys, from other companies. But today, the things we are doing, there's nothing we can learn from.

人間のような機械

これまでの30年間、私たちは機械のような人間を作ってきました。これからの30年は、人間のような機械を作ることになるでしょう。

――2017年9月20日 ブルームバーグ・グローバル・ビジネス・フォーラム

In the past 30 years, we make people like machine. Next 30 years, we will make machine like people.

ほとんどの人たちは、自分の目で見るまでは信じない。
しかし本物の起業家、本物のリーダーは、まず信じる。
そして、そのあとにそれが現実のものとなって目の前に現れる。
私たちは未来を信じる。そうすれば、私たちが信じたことが未来になる。

――2017年9月25日 アリババ主催のイベント「ゲートウェイ17」

[For] most people, seeing is believing. But real entrepreneurs and leaders, we believe, then we see. We believe the future, then we will see the future.

目指す世界

発展途上国や開発途上国の小さな企業や若者たち、そして女性たちがグローバル化に参加し、グローバル化から恩恵を得ることができるような、そういう経済を促進したい。

２０１７年10月17日　株主への手紙

We aim to foster an economy in which small business, young people and women in developing and under-developed nations can participate in and benefit from globalization.

世界中で貧富の差が広がっているが、テクノロジーがその犯人である必要はない。テクノロジーとイノベーションによって、中国の農村の貧困をなくし、経済発展を促進する大きなチャンスがあると私は信じている。

――２０１７年10月17日 株主への手紙

Technology does not have to be the culprit in widening the wealth gap around the world. I believe there is a massive opportunity to help alleviate poverty and catalyze economic development in China's rural countryside through technology and innovation.

殺すのではなく協力したい

4年前、我が社が急速に成長していた時、伝統的な小売店からの苦情がいっぱい来ました。「eコマースは我々の仕事を奪っている。我々のビジネスを奪っている」などという苦情です。私たちは自問しました。「私たちは顧客のために奉仕しているのだろうか。それとも、小売業、伝統的な小売店を殺そうとしているのだろうか」と。

Four years ago, when we grow so fast, we got a lot of complaints about traditional retail. They say, "Hey, e-commerce take away all of our jobs, all of our business." So we ask ourselves, "Are we wanting to serve our customers, or are we wanting to kill all the retail, the traditional retail?"

私たちと彼らは協力し合うべきだと思うんです。オンライン企業とオフライン企業は手を組むべきなんです。私たちにはデータがあり、消費者との経験があります。ちゃんとうまくできれば、私たちが協力し合えば、小売業、伝統的な小売店には大きな可能性があります。

——２０１７年12月５日　番組「スクワークボックス」

We think we should [be] working together. We believe online, off-line should [be] working together. With the data, with the customer experience, we think retail, the traditional retail, has huge potential if we do it properly, if we work together.

戦争

貿易が終わる時、戦争が始まる。

２０１７年12月5月 フォーチュン・グローバル・フォーラム

When trade stops, war starts.

私の人生について言うなら、私はオフィスでは死にたくないと思っています。私はビーチで死にたい。自分の人生を楽しみたい。なぜなら、私たちがこの世に生まれてきたのは、働くためではないからです。私たちがこの世に生まれてきたのは、人生を楽しむため、友だちを作るため、よい家族を持つため、そして世界中を旅するためです。

——２０１７年12月５日 フォーチュン・グローバル・フォーラム

For my personal life, I don't want to die in the office. I want to die in the beaches. I want to enjoy my life. Because we come to this world, not to work. We come to this world to enjoy life, make friends, have good families, and traveling around the world.

本当のジャック・マー

ジャック・マーは3人いる。1人目のジャック・マーは、人々の想像によるジャック・マーだ。ジャック・マーはすごいとか、ジャック・マーはだめだとか、そういうのは人々の想像だ。2人目のジャック・マーは、アリババ集団のCEOで、創立者、会長のジャック・マーだ。3人目のジャック・マーは、本当の私だ。歌うのが好きで、踊るのが好きで、楽しむのが好き。街を歩き回るのが好きだ。

――2017年12月5日「スクワークボックス」

There are three Jack Ma. First Jack Ma is people's imagination. Ahh, he's great, he's not good—this is the people's imagination. Second Jack Ma is Jack Ma as the CEO and the founder/chairman of Alibaba Group. And third Jack Ma is my real person. I love to sing, I love to dance, I have fun, I like walking around the streets.

身の程に合わない欲望

あまりにも多くを求めると、多くのものを破壊してしまう。（中略）これまでの200年間、知識に基づいたテクノロジーや訓練制度のせいで、私たちが望むことはもっと多くを得ることだけになってしまった。月に行くとか、火星に行くとか。（中略）私たちはいつも何かを探している。私たち人間は決して内面を見ようとしない。しかし、内面を見ようとしなけ

When we need too much, we destroy a lot of things. . . . The past 200 years, because of knowledge-based technology or knowledge-based training systems, all we want to do is get more. We want more things. We go to the moon, we go to Mars. . . . We always are looking. We human beings [are] never inside looking. If you don't have the inside looking, you will never be wise.

れば、絶対に賢くはなれない。賢くなければ、自分が何を望まないかも分からない。
いまでは、人類は本来手に入れるべきものよりずっと多くを自分たちのものにしている。環境汚染など、あらゆる問題が起きているのは、人類がますます欲深くなっているせいだ。

――2018年1月24日 世界経済フォーラム

If you are not wise, you never know what you don't want. Today, human beings get much more than they expect they should have, so the environmental pollutions, the whole thing happening, is because human beings become greedy.

10年ごとの生き方

20代の時は、上司に従うのがいい。どうしたら仕事を正しくやれるか、学ぶことのできるよい会社に入るのがいい。30代になって、自分自身で何かやりたいと思うなら、やってみるのがいい。そのくらいの年齢ならまだ、負けたって、失敗したって大丈夫だ。だが40代になったら、自分の得意なことをやるのがいいと思う。

When you are 20 to 30 years old, you should follow a good boss, join a good company to learn how to do things properly. When you're 30 to 40 years old, if you want to do something yourself, just do it. You still can afford to lose, to fail. But when you're 40 to 50 years old, my suggestion is that you should do things that you are good at, all right, and not do things that, oh, that's very interesting, I want to try something new.

面白そうだから、新しいことをやってみたいからといって始めるのは、この年代では危険になるからだ。50代になったら、次の世代の人々を訓練し、成長させることに時間を割こう。60を過ぎたら、孫と遊んでいるのが一番だ。

――2018年1月24日 世界経済フォーラム

It'll be dangerous more. When you're 50 to 60 years old, spend time training and developing people of the next generation. When you're over 60 years old, better stay with your grandchildren.

賢い人々

頭のよさと賢さの違いは何でしょう? 頭のいい人たちは、自分が何を欲しがっているか、よく分かっています。賢い人たちは、自分が何を欲しがっていないか、よく分かっています。

――2018年2月7日 グローバル・エンゲイジメント&エンパワーメント・フォーラム

What's the difference between smart and wisdom? Smart people know what they want. Wise people know what they don't want.

私はアリババを帝国にしようとか、ビジネス帝国にしようとか、思ったことはありません。

帝国の終焉は常に悲惨です。

（中略）私たちはむしろ、アリババをエコシステムにしたいと思っています。森のようなエコシステムです。


――2018年3月21日 インドネシア政府主催のニュー・エコノミー・ワークショップ

I never want to make Alibaba as an empire, a business empire. No empire ends good. . . . We want to make Alibaba an ecosystem, like a forest.

アメリカの選択

アメリカはずっと長い間、自由でオープンな市場を擁護してきたのに、今回は（トランプの中国に対する関税という）保護主義に走った。これは決してアメリカの競争力を強めることにはならないだろう。どんな国であれ、輸出を増やしたいのであれば、貿易障壁に頼るより、優れた製品を開発し、外国の市場にアクセスするルートを見つける努力をするべきだ。

――2018年4月11日『ウォール・ストリート・ジャーナル』紙

The U.S. has been a consistent defender of free and open markets, but this time [with Trump's trade tariffs against China] it is resorting to protectionism that will not improve American competitiveness. Any country seeking to increase exports would do better to focus on developing good products and channels to access foreign markets rather than putting up trade barriers.

チャンスの見つけ方

世界には、実に多くのチャンスがある。なぜって、この世界には実に多くの苦情があるからだ。そのうちの1つでも、あなたがその苦情を解決することができれば、それこそがチャンスになる。

――2018年5月3日 テルアビブ大学

There are so many opportunities in the world, in this world, because there are so many complaints. If you can solve the complaint, one of the complaints, that's the opportunity.

これからの教育

今日、子どもたちが教わることは、なるべく多くを記憶すること、もっと速く計算することです。

しかし、そういうことは機械のほうがもっとよくできるのです。

これからの30年間、機械とは違う、機械よりよくできる、機械にはできないことができるようになってもらうために、子どもたちにはどんなことを教えるべきでしょうか？

All the things we teach our kids today are how to remember more things, calculate faster—all these things machines will do better. Next 30 years, what are the things we should teach our kids, that they will be different, they can do better, they can do the things the machine cannot do?

（中略）どうしたら、もっと革新的《イノベーティブ》に、もっと創造的《クリエイティブ》に、もっと建設的《コンストラクティブ》になれるか、それを子どもたちに教えるべきだと私は思います。

——２０１８年５月３日　テルアビブ大学

. . . I think we should teach our kids how to be more innovative, how to be more creative, and how to be more constructive.

ビル・ゲイツに勝てること

私はビル・ゲイツほどの金持ちにはなれないが、１つだけ、勝てることがある。彼より早く引退できることだ。

――２０１８年９月６日 ブルームバーグ

I can never be as rich as Bill Gates, but one thing I can do better than him, I can retire earlier than him.

１０２年も会社に留まることができないのは、誰でも分かっているはずです。持続可能なアリババは、健全な管理、文化中心の企業哲学、継続的な人材の養成なしにはあり得ません。創立者だけに頼っていられる企業はありません。私はそのことを誰よりもよく知っています。人の能力とエネルギーにはかぎりがありますから、永遠に会長とＣＥＯの責任を担える者はいません。

——２０１８年９月９日　顧客、社員、株主への手紙

We all knew that no one could stay with the company for 102 years. A sustainable Alibaba would have to be built on sound governance, culture-centric philosophy, and consistency in developing talent. No company can rely solely on its founders. Of all people, I should know that. Because of physical limits on one's ability and energy, no one can shoulder the responsibilities of chairman and CEO forever.

アリババの秘密

アリババの秘密を教えよう。私たちは未来を見ているんだ……未来に待っているチャンスだけでなく、来るべき災難も見ている。そうすれば、災難が実際に訪れた時にどうやって避けるかも分かるし、そこからどうやって得をするかも分かる。

――2018年9月18日 アリババ投資家の日

This is the secret sauce of Alibaba: we see the future . . . [and] not only see the opportunity, but also see the disaster. When the disaster comes, you know how to avoid it, how to make use of it, and how to benefit.

製造業とサービス業は結びつかなければなりません。将来、製造業は雇用を生み出さなくなります。ＡＩとロボットが製造のほとんどを担うからです。しかし、サービス業は今後も多くの雇用を生み出す分野です。

20世紀には、私たちはスキルを身につけようと努力し、標準化《スタンダーダイゼーション》を求めました。

しかし、21世紀に必要なのは、個性化《パーソナライゼーション》であり、個々のニーズに合わせた特注化《カスタマイゼーション》なのです。

——２０１８年10月２日 世界貿易機関（ＷＴＯ）「２０１８パブリック・フォーラム」

Manufacturing and service industry should be combined together. Manufacturing will not be creating jobs because most of the jobs on the manufacturing will be created by AI and robots. Service industry is going to be the area that creates a lot of jobs. Last century we liked to be skilled, to [have] standardization, and this century we need personalization, customization.

メイド・イン・インターネット

いまあるのは「中国製（メイド・イン・チャイナ）」、「米国製（メイド・イン・アメリカ）」、「スイス製（メイド・イン・スイッツランド）」、「ジュネーブ製（メイド・イン・ジュネーヴァ）」などの製品だ。
だが2030年には「メイド・イン・インターネット」の製品があるだろう。

――2018年10月2日 世界貿易機関（WTO）「2018パブリック・フォーラム」

Today we see “Made in China,” “Made in America,” “Made in Switzerland,” and “Made in Geneva.” 2030, we'll see “Made in Internet.”

セレクション

2001-2018

まだまだある、
あの日あの時の
ジャック・マーの発言たち

1 3つのS

商売で成功するためには、3つのSが大事だと言う人たちがいる。強く（ストロング）あること、拡張可能（スケイラブル）であること、持続可能（サステイナブル）であることの3つだそうだ。しかし、この3つは現在のインターネット・ビジネスのモデルでは実現できないと私は思う。複雑に込み入った競争の激しい状況で、どうやって金を儲けるつもりか、人に話しているのは間抜けなビジネスマンだけだろう。

―― 第89回広州交易会　2001年4月13日～26日

2 顧客以外気にしない

マスコミも、ネット上で批評する人たちも、投資家たちも、私は気にしていない。アリババを利用するお客さんたちや企業の反応だけを気にしている。彼らに満足してもらえなかったら、私たちのビジネスはやっていけなくなってしまうのだから。

―― 北京 国際ハイテク産業ウィーク デジタル中国フォーラム
2001年5月11日

3 はるか遠くを見すえる

大まかに言えば、小さい企業は業務のやり方に頼っており、中規模の企業は経営方法に頼っているが、大企業はチームワークに頼っている。大企業のチームにとって、肝心なことは3つある。はるかな遠くを見すえるビジョン、広い心、そして、大きな事を成し遂げる力だ。胡雪《こせつ》巌《がん》はこう言った。「商売を始めるのが困難であればあるほど、ずっと遠くを見て歩いていけば、その道にはより大きな機会が待っている」

——— 温州 アリババ会員企業大会　2001年11月19日

4 本当の卒業

去年、私は4人の同僚を大学に戻して、MBA（経営学修士）コースの勉強をさせました。1人をハーバード大学に、3人をペンシルベニア大学ウォートン校に行かせました。その時、彼らにこう言ったのです。「君たちが戻ってきて、MBAコースで習ったことをすっかり忘れたら、その時が卒業だ。いつまでも、大学で習ったルールや規則にとらわれているようなら、もっと勉強を続けなければならないだろう。MBAの勉強を2年間やったら、そのうちの少なくとも半分は忘れる必要がある。それが本当の成功だ」

——— 世界経済フォーラム 中国ビジネスサミット　2002年4月19日

5 アリババ・カレッジ

アリババの顧客になった企業も、研修を受けなければなりません。来年、社員と顧客の研修のための「アリババ・カレッジ」を設立する予定です。顧客にもアリババと一緒に成長してほしいと思っている。彼らは毎月アリババの本社に来てもいいし、私たちのほうからもあちこちの都市を訪ねて、顧客に集まってもらって研修を行う。研修コースの内容には、アリババのサービスの使い方、経営実務、中小企業の発展などがあります。そういうことをアリババ・カレッジでやる予定です。

―― ハーバード大学・精華大学シニア・エグゼクティブ・プログラム 2003年12月

6 | 自分のできることで競争せよ

あなたの会社が中小のインターネット企業なら、網易(NetEase)、新浪網（Sina)、捜狐（Sohu)、それにアリババのような企業とスケールで競おうとはしないことだ。プロフェッショナルな市場で、それらの企業にはできないような、自分のできることだけで競争するべきだ。

―― 網易（NetEase） 2004年2月17日

7 | 株式を分散させる

株式は分散しておくべきだ。企業の経営と社員のチームワークは、融資の額ではなく、英知によって動かされなければならないからだ。1000人を超える社員が我が社の最大の株主であり、孫正義のソフトバンクがその次だ。市場価値が大きくなるのに合わせて、経営側と社員との株主持分率を調節していく。

―― 網易（NetEase） 2004年2月17日

8 | 最も大切な採用基準

人を採用する時は、会社の価値観に共鳴する人を選ぶことにしている。その人がどんな才能を持っていても、会社の文化と理想に共感できる人でないとだめだ。アリババでは研修の初日から、共通の価値観とチーム精神の話をする。それさえあれば、ごく普通の人たちがすごいことをやってのける。

——インタビュー番組「ジャック・マーの経営管理学」
2004年2月25日

9 営業の本質

営業マンはお金のことを考えてはいけない。自社の製品が顧客の成功のために役に立てるか、ほかの人たちのためにどういう役に立てるか、それを考えるべきだ。そうすれば、自分でも自信が持てるようになるし、営業の能力も高まる。

——青島 アリババ会員企業大会　2005年7月22日

10 企業文化で勝つ

アリババが傑出しているのは、他社より大きな利益を上げているからでもないし、社員がより才能があるからでもない。アリババが傑出しているのは、創立当初から、先見の明、戦略、システム構築、社員のチーム研修、企業文化を大切にしてきたからです。

——青島 アリババ会員企業大会　2005年7月22日

11 アリババのジャック・マー

6年前、私もメディアのインタビューを受けるようにしなければならないと我が社のPR担当者が言い出した。

私は嫌だと言った。メディアの前で話をするなんて絶対に嫌だった。私は容姿も醜いし、すぐにみんなに顔を覚えられてしまうと思ったのだ。きっと、外を歩いていれば、すぐに誰だか分かるようになってしまう。そういうのは嫌だった。しかしPR担当者に3日間しつこく説得され、最後にこう言われた。「ジャック・マー。あなたのその名前はもうあなただけのものではないんですよ。その名前はアリババのものなんです」。それを聞いて、私はインタビューを受ける決意をした。それ以来ずっと、メディアはアリババとジャック・マーを完全に結びつけるようになった。でも、あまりメディアを信用してはいけない。彼らはある時は誰かをやたらと持ち上げたかと思うと、次の日には同じ人をこき下ろす。結局は、「普通でいること」が魅力なんだと思う。

――――― 青島 アリババ会員企業大会　2005年7月22日

12 | 自分1人でも反対する

極端な例を挙げれば、会議で90％の社員が賛成していることに私が反対することもしょっちゅうある。賛成と反対が半分ずつで、徹底的に議論するのが理想的だと思う。ライバル企業もきっと同じ問題を議論している。だから、いまやっている議論は、自分の会社ならではのやり方を見つけるためのよいテストなんだ。

――――― 青島 アリババ会員企業大会　2005年7月22日

13 | 2位と3位の壁

アリババはこの業界のいくつかの領域ではトップに立っており、また別の領域では２位につけています。アリババ傘下のベンチャー企業の中には、利益を出すことができず、存続できなかったものもあります。２位でいて、あまり資金を使わずに、しっかり利益を上げ、影響力を持っていることは立派なことだと思っています。実際、私たちのｅコマース事業の中には最初からそういう２位の地位を狙っているものもあるくらいです。しかし、３位になろうとしているｅコマース事業はありません。１位でもいい、２位でもいい、だが、３位ではだめです。３位になって２年経っても、まだ２位の地位に上がれないなら、その時はそのベンチャーは閉鎖したほうがいい。

―― 雅虎中国（ヤフーチャイナ）経営陣の訪問を歓迎するスピーチ
2005年9月23日

14 | 顧客ファースト

アリババは「人間第一」主義なのに、どうして自分たちが一番大事にされていないんだと思っている社員も多いかもしれない。私たちは偽善者ではない。アリババの会員の問題を解決するためにグループとして集まる時、「社員ファースト」とか、「株主ファースト」とか考えて、ウェブサイトの問題の解決から気を散らしている暇はない。顧客と会う時はいつも、アリババのおかげで儲かっているという話を聞きたい。何より恐れているのは、利益が出ていないと聞くことだ。だから、株主と会う時には、たとえ彼らが喜ばなくても、私たちの優先事項は何か、はっきり言うことにしている。

——深圳 アリババ会員企業大会　2005年11月

15｜資質

才能のほかに、必要な資質が4つある。信頼できること、チーム精神、適応力、そして楽観主義だ。

——『第一財経日報』紙　2005年11月24日

16｜恐れずアイデアを試す

だめなアイデアだって構わない。全然アイデアが出てこないよりは、だめなアイデアのほうがましだ。いま目の前にある問題や、未来の問題を解決するために、恐れずに素早い行動を取るべきだ。私たちは自社のウェブサイトだけでなく、ほかの企業、ライバル企業のウェブサイトも見直して、すぐに使えるよいアイデアはないか探してみている。

——アリババ国際貿易事業部 動員大会　2007年6月13日

17｜最大の競争力は自分

あなたの会社の核心的な競争力は、社員のチームとあなた自身だ。ほかの企業があなたのモデルをコピーしようとしても、あなたの限りない粘り強さと情熱をコピーすることはできない。最良のイノベーションの陰には、もちろん、それを支える強力なサポートシステム、才能、実行力がある。それがなかったら、イノベーションも価値のないストーリーにすぎない。

——— 中国のリアリティー番組「贏在中国」(Win in China)
2007年8月

18 CEOこそ世界を見よ

リーダーとしてのCEOは、自分の教育の一環として、外に出て、世界を見て、自分の観察したことについてよく考えなければならない。(中略) そうすることによって、顧客にチャンスと富をもたらすことができる。

——— 杭州 アリババ会員企業大会　2007年9月15日

19 夢をかなえるために必要なこと

自分の夢を実現するためには、何をしなければならないか、はっきりさせよう。夢の実現のためには、1歩下がったり、何かを手放したりしなければならないこともある。それから肝心な時には、これまでの恩を返したり、ほかの人たちと分け合ったりする心構えが必要だ。

——— 深圳 アリババ会員企業大会　2008年3月5日

20 理想の姿

もし、何でもお金で勝ち取れるのだったら、銀行がすべての大企業を支配していたはずだ。厳しい競争に打ち勝って、ビジネスを成功させることができれば、大きな満足を得ることができ、社員も、株主も、パートナー企業も、顧客も、みんながよく眠ることができる。そうであれば、その会社はどんどんよくなっていくだろう。

——北京 アリババ会員企業大会　2008年3月17日

21｜才能あるリーダー

はるか先を見通す視野と広い心を持ち、有能で、みんなとともに働くことによって、自分がリーダーであることを示せ。才能のあるリーダーとはそういうものだ。

——湖畔大学（レイクサイド・アカデミー）　2008年3月28日

22｜規制

規制当局による規制が問題を解決したのではない。イノベーションが問題を解決したのだ。

——世界貿易機関（WTO）2018パブリック・フォーラム
2008年10月2日

23｜より大きな貢献

淘宝《タオバオ》は、1000万人にキャリアアップの希望を与えることで、単にお金を寄付するよりも、もっと大きな貢献をしている。彼らがチャンスも収入も得ることができなかったら、安定した社会なんてただの幻想だ。

——ジャック・マーの起業家精神に関する発言から　2008年

24｜真の慈善

お金を寄付することも大事だが、必ずしもそれが慈善に値することだとはかぎらない。自分が少ししか持っていないものを寄付することこそ、真の慈善なのだ。

——— ジャック・マーの起業家精神に関する発言から　2008年

25 | **クレイジー**

私はクレイジーだが、ばかではない。

——— ジャック・マーの起業家精神に関する発言から　2008年

26 | **インターネットは本当のインフラへ**

これから訪れる2010年代、インターネットは長く待たれていた変貌を遂げる。これまでのようなマーケティングのチャンネルから、実際上のインフラへと変貌し、それによって、イノベーションの源である小さな企業が巨大企業と実際に競争できるようになるだろう。世界中で新しいビジネスのチャンスを見つけたり、創り出したりする能力は無限に広がる。例えば、中国やインドで起業した会社がインディアナ州の会社と競争することも可能になる。もっと重要なのは、正しい態度とグローバルな視点を持つインディアナ州の会社であれば、インドや中国の企業と競争できるようになるだけでなく、欧米の巨大企業とも競争できるようになるということだ。

——— 『ニューヨーク・タイムズ』紙　2009年10月26日

27 | **エコシステムの中の競争**

「勝つ」ためにライバルを負かすのではない。そんなことをしても、結局、別の競争相手が現れるのだから。むしろ、あらゆる競合する利害が存在する、大地や水、生物多様性のエコシステムのようなものを想定するべきだ。そういう競争は人を鍛え、成長させる。（中略）このようなエコシステムの中で、ライオンがカモシカを食べるのは、カモシカを憎んでいるからではなく、食べることが必要だからだ。あなたがライバルを打ち負かすのは、あなたに力があるからではない。自分を向上させる気のない者は過去にとらわれ、未来に敗北する。テクノロジーが劣っているなら、向上させなければならない。社員の質が劣っているなら、もっとよくしなければならない。エコロジー的に考えて、競争相手と「ウイン＝ウイン」になるように努力すべきだ。我々はみな、同じエコシステムの中にいるのだから。ライオンがいなかったら、カモシカは精いっぱい生きることはできない。

――杭州 第8回 eビジネスマン大会 2011年9月10日

28 | 常に自分のままでいる

私は謙虚な気持ちでいます。何年も前、「アリババはひどい会社だ」といろいろな人に言われたからです。そんなにひどい会社ではなかったはずです。彼らが考えるよりはずっといい会社だったはずです。でも、いまになって、人々から高い期待を寄せられるようになって、私は心配になってきたし、不安も感じています。人から言われるほど立派な会社にはまだなっていないからです。アリババは設立してまだ15年の会社です。私たちは中国でインターネット・ビジネスをやっています。我々の会社は若く、業界も若いのですから、容易なことではありません。人からの期待が高い時、私は自分自身にも、社員たちにも、こう言うようにしています。「常に自分のままでいろ。自分が正しいことをしろ」と。私は株価には注意しないことにしています……人からすごいと思われていたら、本当に自分はそんなにすごいかどうか、考えてみる必要があります。人からだめだと思われたら、本当にそんなにだめなのか、はっきりさせる必要があります。

―― 番組「スクワーク・オン・ザ・ストリート」2014年11月11日

29 若い世代

そう、若い人たちを信用しましょう。若い世代のイノベーションを信じましょう。彼らは毎日、何かを作り、イノベーションを変えていきます。消費者はみな同じです。誰もが新しいものを求めている。誰もが安いものを求めている。誰もがよいものを求めている。誰もがユニークなものを求めている。消費者のためにそういうものを創り出すことができれば、彼らはきっと来てくれます。

―― 番組「スクワーク・オン・ザ・ストリート」2014年11月11日

30 女性の力

アリババの成功の秘密の１つに、女性が多いということがあります。（中略）アリババの社員の47％は女性です。実は51％だったのですが、最近、何社か買収して、それらの会社は男性が多かったので、全体の割合がちょっと下がってしまいました。それでも管理職の33%、そして最上層部の経営陣の24%が女性です。アリババには女性CEO、女性CFO、女性CPOなどがいます。（中略）21世紀を勝ち抜いていこうと思うなら、自分ではない、ほかの人たちに力を与えられる人にならなければなりません。ほかの人たちに権限を与えるのです。ほかの人たちが自分より優れた人になるようにすれば、成功できるのです。女性は自分のことを考える以上に、ほかの人たちのことを考える。私はそう思っています。

——世界経済フォーラム　2015年1月23日

31｜起業家が得意なこと

私の祖母はブラウスを1枚しか持っていなかった。母は3枚だ。私の娘の世代は50枚持っているかもしれない。その48%は一度も着ないのに。こういうのを家庭内消費(ドメスティック・コンサンプション）と言うんだ。人々がこういう習慣を身につけ、お金を使うようにさせなければならない。これは政府が得意とすることではない。どうすればそれが実現するのか、分かっているのは私たち(起業家）だ。

——スタンフォード大学ビジネス大学院　2015年9月24日

32｜それぞれのビジネス・モデル

グッチだとか、なんだとか、ああいうブランドのバッグはどうしてあんなに高いんだろう。まったく、ばかげた話だよ。ああいうブランド企業の人たちは幸せではないだろうね。だが、あれが彼らのビジネス・モデルなんだ。それは分かる。私たちも自分のビジネス・モデルをよく考える必要がある。

――『フォーブス』誌　2015年11月4日

33｜模倣品販売業者

これは白黒をはっきりつけられる問題ではない。模倣品販売業者に「それは取り下げろ」と命じるのはフェアではない。私たちは模倣品販売業者も守らなくてはならない。すべての人々のことを考え、すべての人々の権利を守らなければならない。

――『フォーブス』誌　2015年11月4日

34｜「独身の日」の意味

「独身の日」はユニークな日です。すべての製造業者、ショップ・オーナーが消費者に感謝する日です。消費者が素晴らしい1日を体験する、特別な日です。売り上げの数字からすれば、大きな違いはないかもしれない。しかし、このイベント自体が、その意味が、中国で大興奮を巻き起こしているのです。

――『ブルームバーグ・マーケッツ』誌　2015年11月11日

35｜投資家を愛する

(投資家たちは) 私を愛していることもあるし、私を憎んでいる時もある。それでも、私は彼らを愛している。

——『ブルームバーグ・マーケッツ』誌　2015年11月11日

36｜ハリウッド映画

ハリウッド映画の何が好きかと言うと、ヒーローだ。中国映画にもヒーローは出てくるが、みんな最後には死んでしまう。アメリカ映画では、ヒーローは必ず生き延びる。ヒーローがすべて死んでしまうなら、ヒーローになりたい人はいないんじゃないだろうか。

——『ブルームバーグ・マーケッツ』誌　2015年11月11日

37｜世界電子貿易プラットフォーム

世界はどんどん小さくなっています。若い人たちはどんどん動き回ります。彼らは世界中を旅したいと思っています。世界中を旅すれば、文化を交換し合い、友だちを作り、物事を交換したくなります。それが不可能だということが、2016年G20アジェンダに「eWTP」（世界電子貿易プラットフォーム）の構築を含めることを提案したくなった理由です。世界は変わりました。新しい貿易の手段を使おうではありませんか。昔のことを考えてみれば……何百年もの間、貿易は政府が組織し、政府に規制されるものでした。民間のことを考えてみましょう。どうすれば企業が貿易を動かせるか、考えてみましょう。

——CNBC　2016年9月2日

38 Love指数

成功したければ、EQ（感性指数）が高くなくてはいけない。さっさと失敗したくなければ、IQ（知能指数）が高いほうがいいだろう。だが、人から尊敬されたければ、LQが高くないとね。Love指数が高いということだ。この3つのQの組み合わせを見てみよう。多くの男性が高いIQを持ちながら、EQが低く、LQはほんのわずかしかない。バランスを考えると、女性のほうがずっといい。

――世界経済フォーラム　2018年1月24日

39 新しいモデル

長期的には、中国は新しいモデルを創り出すだろう。中国は、市場を開放しなければならない。

――アリババ投資家の日　2018年9月18日

私にはまだ、（引退後に）追いかけてみたい夢がたくさんあります。私のことをよく知っている人たちは分かっていると思いますが、私は何もしないで座っているのが嫌いです。

私はこれからもアリババ・パートナーシップの創立者としての役割を果たし続け、アリババ・パートナーシップの仕事を続けます。

それから、教育の仕事に戻りたいと思っています。それを考えると、幸せで、わくわくしてきます。教育こそ、私が愛する仕事だからです。

世界は大きく、私はまだ若い。だから、新しいことをやってみたいのです。だって、新しい夢が叶ったら、それはすごいことではありませんか。


――２０１８年９月９日　顧客、社員、株主への手紙

As for myself, I still have lots of dreams to pursue [after retirement]. Those who know me know that I do not like to sit idle. I plan on continuing my role as the founding partner in the Alibaba Partnership and contribute to the work of the partnership. I also want to return to education, which excites me with so much blessing because this is what I love to do. The world is big, and I am still young, so I want to try new things—because what if new dreams can be realized?!

編者　スク・リー（Suk Lee）

米国の多くの出版社で働いてきたベテラン編集者。ニューヨーク大学卒業（英語文学専攻）。ニューヨーク市在住。

編者　ボブ・ソン（Bob Song）

中国の出版・ＩＴ業界で長く働いてきた。北京在住。

訳者　舩山むつみ（ふなやま　むつみ）

東北大学文学部（フランス文学専攻）、慶應義塾大学法学部（政治学専攻）卒業。外国公務員などを経て、翻訳者。訳書に『2000年前からローマの哲人は知っていた 選ばれる方法』（クィントゥス・トゥッリウス・キケロ著、文響社）、『辮髪のシャーロック・ホームズ　神探福邇の事件簿』（莫理斯著、文藝春秋）など。全国通訳案内士（英語・中国語・フランス語）。

ジャック・マーの生声
本人自らの発言だからこそ見える真実

2023年1月18日　第1刷発行

編　者　スク・リー、ボブ・ソン
訳　者　舩山むつみ

装　丁　トサカデザイン（戸倉巌、小酒保子）
本文デザイン　高橋明香（おかっぱ製作所）
本文DTP　有限会社天龍社
校　正　日本アイアール株式会社
翻訳協力　株式会社アメリア・ネットワーク
編　集　曽我彩＋平沢拓＋関美菜子（文響社）

発行者　山本周嗣
発行所　株式会社文響社
〒105-0001
東京都港区虎ノ門2-2-5　共同通信会館9F
ホームページ　https://bunkyosha.com
お問い合わせ　info@bunkyosha.com
印刷・製本　中央精版印刷株式会社

ISBN 978-4-86651-596-0

この本に関するご意見・ご感想をお寄せいただく場合は、郵送またはメール（info@bunkyosha.com）にてお送りください。

写真：アフロ（P.17、P.39、P.135）、写真：Newscom/アフロ（P.55、P.79）、写真：ロイター/アフロ（P.99、P.181）、写真：AP/アフロ（P.161、P.197、P.237）、写真：Featurechina/アフロ（P.221）、写真：Tony Law/Redux/アフロ（P.255）